Im Auge des Orkans

Frank Laßner, geb. 1962 in Chemnitz, studierte Mathematik und Physik in Leipzig und Berlin. Im Anschluss war er mehrere Jahre in der Forschung tätig. 1991 änderte sich sein Lebensweg. Er begleitet seitdem Menschen in ihrer persönlichen Entwicklung. Im Zentrum seiner Seminare, Coachings und Supervisionen steht die Bewusstwerdung der Menschen durch die Sensibilisierung ihrer Wahrnehmung und die Auseinandersetzung mit ihren Lebensthemen. Im Rahmen seiner Arbeit mit vielen Tausenden Klienten entwickelte Frank Lassner revolutionäre Techniken, die leicht erlernbar sind und einfach in das tägliche Leben integriert werden können.

Frank Laßner

Im Auge des Orkans

Wahrnehmen

Bewusstwerden

Glücklichsein

Doppelblick-Verlag
Verlag für neues Bewusstsein

Originalausgabe
Juli 2003

www.doppelblick-verlag.de

Projektkoordination: Christina Didszun
Umschlagabbildung: Oliver Spott
Umschlaggestaltung: Christina Didszun
Lektorat: Matthias Lubinski
Satz: BoD GmbH, Norderstedt
Druck: BoD GmbH, Norderstedt
Printed in Germany
ISBN 3-8330-0736-2

Inhalt

Danksagung

Besonders danken möchte ich Christina. Ohne ihre hingebungsvolle Unterstützung wäre dieses Buch zu diesem Zeitpunkt nicht entstanden.

Vorwort
von Heinrich Korte

Als ich Frank Lassner kennen lernte, spürte ich eine gewisse Seelenverwandtschaft zwischen uns. Zwar beschäftigen wir uns scheinbar mit völlig unterschiedlichen Feldern. Er, der Entdecker der Feinheiten der Seele und ich, der Unternehmer. Was uns beide aber verbindet, ist das jeweilige Streben nach einer gesamtheitlichen Betrachtung. Darüber hinaus dient uns beiden das gedankliche Ein- und Durchdringen der komplexesten Theoriegebäude letztlich eigentlich nur einem Zweck – der Anwendung auf die Praxis.

Frank Lassner zeigt mit Einfühlungsvermögen und Nachdruck seine Virtuosität im Umgang mit dem Inneren des Menschen. Mit seinem wahren Ich – und damit mit seinem Bewusst-Sein. Meine persönliche Berufsbezogenheit hatte für mich wesentlich dazu beigetragen, meinen Lebensweg sachbezogen, das heißt sozusagen rational, zu betrachten und so zu beschreiten. Das Auseinadersetzen mit dem vorliegenden Buch ließ mir gar keine andere Chance, als mein inneres Leben zu reflektieren. Dabei gelangte ich zu einer vollständigen Neubetrachtung meiner bisherigen Prioritäten. Und dabei entdeckte ich das Gefühl, das Buch sei ausschließlich für mich geschrieben. Das Buch brachte mich zurück in meine Kindheit; in einer Präsenz, der ich gar nicht ausweichen konnte.

Ich bin im wesentlichen aufgewachsen ohne die formende Hand meines Vaters, der sich im Krieg befunden hatte. Meine Mutter versorgte uns fünf Kinder in einem durch die Wirren der Zeit massiv gestörten Umfeld nach ihren besten Kräften. Doch manchmal verließen sie diese Kräfte auch.

Aber was für ein Elternhaus boten meine Frau und ich? Es ist einfach, zu behaupten, es sei doch für unsere Kinder alles geregelt gewesen. Unsere mittlerweile erwachsenen Kinder können zu dem Thema viel mehr sagen. Und sie können sich damit gleichzeitig Gedanken darüber machen, welches Elternhaus sie denn ihren Kindern bieten.

Beginnt man, sich mit den anfangs tief in der Seele liegenden Geheimnissen zu beschäftigen, so offenbaren sich die Hintergründe der Beziehungen zu Familie, Freunden und Kollegen. Auch bei mehrmaliger Lektüre wird der Leser immer stärker in die Materie ‚Seele' eindringen und sich selbst und seine bisherigen Verhaltensmuster immer besser verstehen. Dem Leser wird die Frage nach dem Sinn des Lebens durch den Kopf gehen. Und er wird sie nun beantworten können.

Heinrich Korte
Ihrhove Mai 2003

Heinrich Korte, geb. 1938, gründete die Korte AG und war bis zu deren Verkauf langjähriger Vorstand. Seine Vision, Leuchtstoffröhren wohnraumfähig zu machen, entwickelte er als junger Mann. Diese Vision erfüllte sich in den 70-er Jahren. Mit der Lampi GmbH gelang ihm der Durchbruch. 1978 erschloss er mit seinen Produkten den US-amerikanischen Markt und gründete in Huntsville/Alabama die Lampi Corporations, die heute von seinen Kindern geführt wird. Die Produkte mit den drei roten Punkten waren sein Markenzeichen. Heinrich Korte entwickelte 1982 das „Lampi – Gute Laune Licht", was seit dem in allen Baumärkten Deutschlands, Europas und auf anderen Kontinenten zu finden ist. Er gründete und neuformierte insgesamt 43 Unternehmen.

1. Kapitel

Das erste Geheimnis der Freiheit (Die Angst durchschauen)

Das Auge des Orkans und das Lachen Buddhas

Wenn ein Orkan naht, versuchen die Menschen ihr Hab und Gut und ihr Leben zu sichern. Sie verrammeln ihre Häuser, vergraben ihre Schätze, laufen weg an einen vermeintlich sicheren Ort. Oder sie beten, wenn es nicht mehr anders geht. Sie versuchen, sich noch schnell mit Gott auszusöhnen. Verrammeln, verstecken, vergraben, weglaufen und beten sind die gängigen Methoden, um mit Angst umzugehen.

Ich möchte etwas anderes. Ich möchte mit dir in das Zentrum des Orkans. Ich möchte, dass deine lebenslange Flucht aufhört, dass du deine Blickrichtung änderst und genau in die entgegengesetzte Richtung gehst – in dein Zentrum. Dort, im Auge des Orkans, ist es ganz ruhig, obwohl dich das Leben mit aller Macht umgibt. Dort wirst du darüber lachen, dass du vorher etwas verleugnet hast. Dort bist du nicht mehr an der Peripherie, dort bist du nicht mehr ausgeliefert und kein getriebenes Blatt.

Dieses Buch soll dir eine Vision davon geben, dass du vollkommen frei bist. Du bekommst Mittel in die Hand, die dir helfen, dies wirklich zu *erleben*. Du wirst erkennen, dass deine Ängste alle um ein oder zwei Themen kreisen. Gerade diese Themen können dir einen Weg zeigen zu dem, was dir am meisten Freude und Fülle bereiten wird. Es geht darum, dass du dein völliges Potenzial lebst. Es geht darum, dass du ganz du selbst wirst und in deinem Zentrum ankommst. Von dort aus wirst du darüber schmunzeln, wie häufig du versucht hast, dich in Umständen einzurichten, die dir überhaupt nicht entsprechen.

Wenn wir Sorgen haben, wenn uns etwas bedrückt, versuchen wir darüber hinwegzugehen, es irgendwie loszuwerden. Wir denken oft:

Ach, wenn jetzt nicht gerade diese Aufregung oder dieser Schmerz wären, das Leben wäre so schön. Immer hindert mich irgend etwas daran, wirklich glücklich zu sein.

Wenn der Druck zu groß wird und sich verselbständigt, gehen wir zu einem Psychologen oder Psychiater. Wir bitten ihn, uns Mittel und Techniken zu zeigen, die uns helfen, den Druck loszuwerden. Oder wir bitten ihn direkt, dass *er* uns den Druck wegnimmt. Möglicherweise vermindert er dann mit Medikamenten unsere Wahrnehmung.

Um das genaue Gegenteil davon geht es in diesem Buch. Gerade dort, wo dir das Leben Schmerzen bereitet, verbirgt sich deine größte Kraft. Du brauchst keine Techniken, keine Tricks, keine Regeln mehr, wenn du in dieses Geheimnis, in dein Innerstes vordringst. Der Druck, deine Angst, deine Schmerzen haben keinen anderen Sinn, als dich exakt dorthin, nämlich zu dir selbst zu führen.

Ein junger Mann ist in eine Frau verliebt. Sie gefällt ihm gut, er gefällt ihr gut. Sie haben viel Spaß miteinander. Sie entdecken sich, sie schätzen sich. Der Mann ist allerdings ein wenig eifersüchtig veranlagt. Je länger die Beziehung anhält, um so heftiger meldet sich seine Eifersucht. Er befürchtet, dass die Frau einem anderen Mann gefallen könnte, der erfolgreicher ist. Oder er befürchtet, die Frau könnte sich Charaktereigenschaften an einem Partner wünschen, die er nicht hat. Er ist bereits so klug, dass er es bemerkt. Er spürt, wie er mit seiner Eifersucht sich selbst und seine Partnerin unter Druck setzt und wie er nicht richtig spontan sein kann. Er denkt: Wenn meine Eifersucht nicht wäre, hätten wir eine so schöne Beziehung. Dann wären wir glücklich. Nur die Eifersucht stört. Er beginnt darüber nachzudenken, wie er dieses Gefühl loswerden könnte. Vielleicht trifft er sogar Vereinbarungen mit seiner Partnerin, um sich ihrer sicher zu sein. Vielleicht geht er zu einem Psychologen oder in eine Selbsthilfegruppe mit dem Ziel, das Thema loszuwerden.

In Wahrheit ist die Eifersucht der Schlüssel zu dem, was ihn in der Beziehung am meisten erfüllen würde. Sie könnte ihm zeigen, wie er sich selbst und der Partnerin Glück zu schenken vermag. Er müsste nur etwas tiefer schauen. Die Decke aus Eifersucht müsste er anheben und einen Blick darunter riskieren.

Ein Projektleiter in einem internationalen Unternehmen kann mit seinem Team auf große Erfolge zurückblicken. Kritische Situationen konnte er mit guten Ideen und einem entschlossenen Führungsstil meistern. Er weiß, dass er einer der wenigen ist, der einen der Direktorenposten besetzen könnte. Ihm macht die Arbeit Spaß, er hat Ideen, seine Familie steht hinter ihm. Aber es gibt einen Haken. Ihn plagt die Angst zu versagen. Wenn eine Idee nicht durchsetzbar ist, wenn Termine nicht eingehalten werden können und wenn man dann auch nur entfernt glauben könnte, er sei daran schuld, dann geht es ihm wirklich schlecht. Dann verspürt er Druck. In solchen Situationen kann er Nächte lang nicht schlafen. Er wird mürrisch und behandelt sogar seine Mitarbeiter rüde, was ihm später besonders leid tut. Auch er ist klug. Er beobachtet diese Versagensangst. Er versucht ihr entgegenzusteuern. Er bemerkt sogar schon, dass ihn die Arbeit nicht wirklich erfüllt, wenn er den Erfolg sucht, um nicht als Versager zu gelten. Aber er weiß keine Lösung. Schon vieles hat er probiert, um die Angst zu besiegen. Er redet darüber mit seiner Frau, besucht Managerschulungen und liest sogar spirituelle Literatur. Aber er kann sich nicht befreien.

Die Versagensangst kann ihm in Wahrheit den Weg zu seinen wirklichen Begabungen zeigen. Zu dem, was ihm am meisten Freude an der Arbeit bereiten und womit er sich, seinem Unternehmen und seinen Mitarbeitern den größten Segen bringen würde. Er müsste nur die Blickrichtung ändern und nicht mehr in der Außenwelt suchen, wie er sie los wird. Er müsste nach innen schauen. Er würde plötzlich erkennen, dass ihn seine Angst zwingt, in sein Zentrum zu blicken. Er würde sehen, dass dort gar keine Versagensangst ist, sondern etwas anderes, was ihm auf den ersten Blick wie eine Angst erschien. Vielleicht brauchte er für den Anfang jemanden, der ihm dabei hilft.

Ein anderes Beispiel: Ein Sänger, der regelmässig vor Tausenden von Menschen auftritt, befürchtet jedesmal aufs Neue, sein Publikum nicht zu erreichen. Der Gedanke, sein Bestes zu geben und die Zuschauer mit seiner Darbietung nicht zu berühren, löst in ihm eine furchtbare Ohnmacht aus. Diese Ohnmacht hält ihn beständig in Atem. Er setzt sich selbst dem Zwang aus, um jedem Preis beliebt zu sein. Er spürt bereits, dass er sich damit in der Öffentlichkeit lächerlich macht. Aber er weiß nicht, wie er seine Ohnmacht bezwingen soll.

In Wahrheit kann ihm die Ohnmacht den Weg zu seinen kreativsten Ideen öffnen. Sie kann ihm zeigen, wie er zu einem Künstler wird, der die Menschen nicht nur fasziniert, sondern der ihnen und sich selbst etwas Einmaliges *gibt*. Etwas, was nur er und sonst niemand im ganzen Universum geben kann.

Wie du deine Ängste nutzt, um deiner reinsten Lebensenergie zu begegnen und dich mit ihr zu verbinden, darum geht es in diesem Buch. Wie du deine Ängste aufdeckst, darunter schaust und wie dir dort plötzlich das pure Leben begegnet. Ich will mit dir in dein Zentrum. Ich will mit dir in das Auge des Orkans vordringen, den dein Dasein in Wahrheit darstellt.

Außen, an der Peripherie, besteht das Leben aus Tausenden von unterschiedlichen Problemen: Geschäftliche Auseinandersetzungen, Konflikte mit deiner Familie, mit Freunden – und auch mit dir selbst. Innen, im Auge des Orkans, hast du für alle diese Themen *einen* Schlüssel in der Hand. Dir wird mit einem Schlag klar, wie sämtliche Probleme miteinander verknüpft sind und du erkennst deren Lösung. Außen ist ständige Suche nach Lösungen. Innen *ist* die Lösung. Im Auge des Orkans überblickst du den Orkan.

Wenn du statt dessen versuchst, deine Ängste zu umgehen oder sie zu bekämpfen - dann bleibst du nur an deiner Peripherie. Am Rand deiner Existenz. Der Orkan behält dich gnadenlos im Griff. An der Peripherie ist das Leben ein stetiger Kampf. Ein Kampf um mehr Schutz, um mehr Anerkennung, um mehr Macht, um mehr Geld, um mehr Liebe. An der Peripherie kann man vielleicht vorübergehende Sicherheit erlangen. Viele verwechseln das mit Glück. In Wahrheit bist du dort bedroht. Du führst das Leben eines Bedrohten. An der Peripherie bist du nie wirklich mit dem Leben verbunden. Es geht an dir vorbei und du lebst beständig mit dem Gefühl, etwas Wichtiges zu verpassen. Das kann doch noch nicht alles gewesen sein. Aber im Auge des Orkans ...

In seinem Auge ist Ruhe und vollkommene Fülle. Der Orkan umgibt dich. Er strömt durch dich hindurch, er steht dir sogar mit seiner Kraft zur Verfügung. Ja, du kannst seine Kraft nutzen. Aber du willst es gar nicht mehr, du willst nichts mehr nutzen, denn du *bist* alles. Du *bist* alles, es ist der reinste Genuss, es gibt nichts mehr zu tun. Im Auge des Orkans hört jeder Mangel auf.

Um nicht mehr zu verrammeln, vergraben, fliehen oder beten zu müssen, sondern um in das Auge des Orkans vorzudringen, bedarf es nur einer Kleinigkeit. Du musst deine Blickrichtung ändern. Du musst aufhören, deine Sicherheiten außen zu suchen - bei deinen Freunden, deinen Feinden, bei deinen Eltern, bei Behörden, in Religionen oder im Erfolg. Ich sage nicht, du sollst nicht erfolgreich sein. Ich sage nur, suche im Erfolg keine Sicherheiten. Du musst den Blick *in dich* richten, in *dein* Zentrum. Das Auge des Orkans ist in dir. Dorthin zu schauen ist eigentlich ein ganz kleiner Schritt, aber es ist für viele offenbar ein sehr großer und schwieriger.

Dieser Schritt ist in Wahrheit verblüffend einfach. Die bekannten Statuen des lachenden Buddha bringen dessen Verwunderung genau darüber zum Ausdruck. Man sagt, dass dieses Lachen Buddha unwillkürlich befiel, als er sah, wie leicht dieser Schritt ist, und dass er sich wegen dieser Kleinigkeit Jahrtausende abgemüht hatte. Viele Leben hatte er gebraucht, um zu begreifen, wie natürlich es ist, nach innen zu gehen und dort anzukommen. Plötzlich befand er sich im Zentrum des Orkans, und das Leben lag klar vor ihm. Da kam das Lachen.

Er erwachte und saß mitten im Orkan, in seinem Auge. Kein Chaos mehr, keine Peripherie, kein Wehren und keine Wünsche. Um ihn tobte das Leben, mit aller Wucht aber voller Klarheit.

Wenn du lediglich Sicherheiten suchst, wenn du nur etwas besser mit deinem Leben klar kommen möchtest, dann wird dir vieles in diesem Buch nur halb verständlich sein. Hier geht es nicht nur um etwas Lebenshilfe. Es geht nicht darum, wie du besser überlebst. Es geht darum, wie du dem puren Leben begegnest, wie du es vollständig auskostest. Es geht für dich darum, ganz du selbst zu sein, ganz dich selbst zu leben, unabhängig davon, was andere von dir denken. Dann wirst du das Leben als Fülle erfahren.

Wenn Du beim Lesen dieses Buches und beim Ausprobieren der kleinen Übungen zum ersten Mal eine Ahnung vom Lachen des Buddha bekommst, weil du plötzlich siehst, welche Rolle die Ängste tatsächlich in deinem Leben spielen, dann ... dann bist du schon auf dem Weg.

Deine Gefühle sind wichtig

Der Physikprofessor Moritz Flank, der seine gesamte freie Zeit im Labor bei seinen Apparaten und Ideen verbringt, ist mit einer schönen, lebenslustigen und leidenschaftlichen Frau verheiratet. Wie das Schicksal diese beiden gegensätzlichen Menschen zusammenbrachte, ist nicht ganz klar. Ihn, der sich schon von frühester Jugend an nahezu ausschließlich für Experimente und die logische Zergliederung der Welt interessierte und sie, der genau dies überhaupt nichts bedeutet. Vielleicht wollten ihre Eltern diese Verbindung, vielleicht suchte sie bei ihm Sicherheit. Nach wenigen Jahren jedenfalls hatte sie ihn satt. Das Leben war ihr zu langweilig. Er verschwand immer im Labor, und sie saß allein da. Er schien in einer anderen Welt zu leben als sie. Für sie war er zu nüchtern, er konnte alles erklären und führte mit seinen Freunden schreckliche Gespräche darüber, wie die Welt in Wahrheit ist. Sie wollte tanzen, ins Theater gehen, sie wollte Spaß und Leidenschaft. Lange Zeit hatte sie diese Gegensätze ertragen, weil sie ihren Mann liebte. Doch nun ist es genug. Sie geht entschlossen in sein Arbeitszimmer, wo er gerade über Berechnungen für die Versuche am nächsten Tag brütet.

„Moritz“, sagt sie „ich halte dieses Leben nicht mehr aus. Es ist mir viel zu eng. Ich verlasse dich.“

Er, der bisher ihren Gefühlsausbrüchen keine so große Bedeutung beimaß, merkt, dass es diesmal viel ernster gemeint ist. Er schaut sie verunsichert an: „Aber was hast du denn?“

„Ich finde unser Leben langweilig“, sagt sie, „ich fühle mich hier wie eine Gefangene, mir fehlt die Luft zum atmen. Wer du bist, weiß ich auch nicht mehr. Früher habe ich dich und dein Wissen bewundert, heute bist du mir fremd.“

„Aber was ist denn los, mein Schatz?“, sagt er beunruhigt. „Wir führen doch ein schönes Leben. Ich bin anerkannt, ich verdiene viel Geld, und ich kann dir alle Wünsche erfüllen.“

„Mir fehlt so viel,“ entgegnet sie. „Eine Frau hat andere Wünsche, als die, die du erfüllen kannst. Ich will lebendig sein, ich will andere Menschen spüren, ich will verrückte Sachen machen.“

„Ich verstehe dich nicht“, sagt er ratlos.

Sie liebt ihn. Sie möchte von ihm verstanden werden. Sie sieht seine Hilflosigkeit und sucht händeringend nach Worten, um deutlich zu machen, was sie meint.
„Bei dir ist zwei und zwei immer nur vier," platzt sie plötzlich wütend heraus.
Er sieht sie entgeistert an. „Aber Schatz," sagt er mit fast flehender Stimme, „zwei und zwei sind doch auch vier".

Er kann sie nicht verstehen. Wenn man von seinen Gefühlen abgeschnitten ist, kann man nicht verstehen, dass zwei und zwei nicht immer vier ist. Moritz versteht einfach nicht, was sie meint. Er versteht nicht, wie sie die Welt sieht. Er hat etwas Grundsätzliches nicht erkannt: Nämlich dass das Leben nicht logisch ist. Es richtet sich nicht nach logischen Kriterien, auch wenn es in wissenschaftlichen Experimenten manchmal so scheinen mag. Das Leben ist paradox, es ist widersprüchlich, es ist voller Konflikte, es entzieht sich dem Versuch, in ein kausales Korsett gezwungen zu werden. Zwei und zwei müssen nicht vier sein.

Was du in logische Teile zergliedern willst, stirbt. Alles, was du zerlegen willst, verliert seinen Atem, seinen Duft, seine Essenz. Die Natur demonstrierte dies den Wissenschaftlern im letzten Jahrhundert auf bis dahin unvorstellbare Weise. Jahrtausende lang hatten sie nach den kleinsten Bausteinen der Materie gesucht, aus denen die ganze Welt erklärbar sein sollte. Doch dann, als sie endlich glaubten, die kleinsten Teilchen gefunden zu haben, geschah etwas vollkommen Unerwartetes: Die Teilchen verhielten sich nicht logisch und eindeutig, sondern paradox und widersprüchlich – entgegen allen bis dahin bekannten Gesetzen der Physik. Heute wissen wir, ein Teilchen kann zugleich an zwei Orten sein. Seine Flugbahn und sein Aufenthaltsort sind nie vollständig bekannt. Kleine Teilchen mutieren zu viel größeren, und einige Teilchen werden beeinflußt von Ereignissen, die erst in der Zukunft stattfinden! Für die an strenge Kausalität und mechanische Genauigkeit gewöhnten Wissenschaftler offenbarte sich ein völliges Tohuwabohu. Zwei und zwei ergaben plötzlich nicht mehr vier. Vor allem aber, und das war für sie das Schlimmste, verschwand die Materie. Denn die Elementarteilchen büßten die Eigenschaften fester Materie ein. Sie konnten „verschwimmen" und sich über größere Regionen verteilen oder sich sogar ganz in Wellen verwandeln. Und Wellen konnten sich auf gespenstische Art wieder zurück verwandeln in Teilchen. Je genauer die Physiker hinschauten, um so mehr löste sich ihre gewohnte feste Welt auf. Übrig blieb schließlich ‚nur' Energie. Den Physikern zerrann die Welt wie Sand zwischen den Fingern. Die Teilchen sagten den Physikern direkt: So geht das nicht, ihr könnt die Welt nicht in logische Bestandteile zerlegen. Wenn ihr es versucht, dann stoßt ihr unweigerlich auf das Paradoxe, Widersprüchliche, Unerwartete.

So ist auch unsere westliche Medizin eine Wissenschaft über Leichen. Wenn man den menschlichen Körper logisch verstehen möchte, wenn man ihn analysieren möchte, dann muss man ihn sezieren. Dafür muss der Körper aber tot sein. Wäre er noch lebendig, würde er dabei sterben. Aus diesem Grund ist unsere abendländische Medizin in Wahrheit keine Wissenschaft über das Leben, sondern über das Tote. Sie erlangte den größten Teil ihres Wissens durch die Untersuchung von Leichen. Deswegen tut sie sich auch so schwer, die ganzheitliche Herangehensweise der östlichen Medizin zu verstehen. Deswegen gibt es auch noch keine wissenschaftliche Erklärung dafür, wie das Leben entsteht, was das Leben überhaupt ist. Obwohl die Wissenschaft Jahrhunderte lang versuchte zu erklären, was Leben ist, gibt es praktisch keine Fortschritte. Für den Osten dagegen, für den asiatischen Raum, ist diese Frage belanglos. Dort wird sie gar nicht gestellt, weil die Menschen dort wissen, dass sie nicht beantwortbar ist.

Logik ist ein sehr oberflächliches Phänomen. Mit ihr ist ein Vordringen in die Wirklichkeit unmöglich. Wenn du tiefer schauen möchtest, musst du sie verlassen. Wenn du versuchst, etwas logisch zu verstehen, bleibt die Wirklichkeit, bleibt das Leben fern.

Wenn du das erkennst, dann musst du dich auf etwas anderes einlassen als auf deine Ratio. Dann musst du dich auf das Paradoxe einlassen. Du musst deinen Kopf verlieren, du musst das Denken ausschalten. Du musst deine Empfindungen und Gefühle annehmen. Du musst dich darauf einlassen, was das Dasein mit deinem Körper macht, was es in deinem Körper auslöst. Du musst zulassen, was dir Angst, was dir Freude macht, was bitter und was süß ist, was machtvoll und was ohnmächtig macht.

Alle wesentlichen Dinge des Lebens kommen zu dir *nicht* durch die Tür der Logik. Mit dem Essen beginnt es: Warum etwas süß schmeckt oder sauer – du kannst es nicht erklären. Du bist in einem fremden Land und dir wird ein Gericht mit einem wunderbaren Geschmack gereicht. Du bist fassungslos, du bist hingerissen, du lässt die Speise langsam auf der Zunge zergehen, du riechst daran, dich ergreifen tausend Eindrücke, du spürst, wie sie in dich eindringt. Dabei ist es völlig nebensächlich, *warum* es so schmeckt oder ob man dies logisch verstehen kann. Du genießt einfach. So ist es mit dem ganzen Leben. Wenn du verliebt bist, dann kannst du es nicht erklären, wenn du dich jemandem nah fühlst, wenn Freundschaft entsteht, wenn du Sehnsucht hast – für Logik ist da überhaupt kein Platz. Wenn du das Leben analysierst, zerstörst du es.

Auch Gefühle kommen plötzlich und ohne Grund. Sie entziehen sich jedem Versuch, zu denken. Wenn du über ein Gefühl nachdenkst oder seine Ursache ergründen willst, ist es sofort verschwunden. Du kannst dieses Experiment machen: Wenn du in der Natur etwas intensiv empfindest, wenn du berührt bist von der Schönheit einer blühenden Wiese oder eines Sonnenaufganges, oder wenn Nähe entsteht zu einem anderen Menschen – und du versuchst darüber nachzudenken. Du wirst bemerken, dass dein Gefühl innerhalb von Sekunden verschwindet. Es wird nicht nur verschwinden, es wird sogar aus der Erinnerung gelöscht werden. Du kannst nicht zugleich denken und empfinden. Dies ist unmöglich. Wenn du denkst, sind die Empfindungen ausgeschaltet. Wenn du dagegen wahrnimmst, verlässt du das Denken. In dieser kleinen Tatsache ist ein großes Geheimnis des Lebens verborgen.

Gefühle zwingen dich zu einer Wahl: Entweder du lässt dich auf sie ein, du nimmst sie wahr, du lässt den Kopf draußen, oder du zerstörst sie. Die meisten Menschen unserer Zivilisation wissen nicht, wie man sich auf Gefühle einlässt, wie man wahrnimmt. Deswegen sind sie abgeschnitten von ihrer Innenwelt, von der Essenz ihres Lebens. Deswegen fühlen sich so viele frustriert, deswegen gibt es so häufig die Empfindung, das Leben sei nicht lebenswert.

Die Welt wird an uns heran getragen über Gefühle. Wir machen unsere Erfahrungen über sie, wir inhalieren über sie die Existenz. Ohne Gefühle gibt es keine Freude, keine Nähe, keine Angst. Auch das Schicksal erreicht uns über Gefühle, es wäre ohne sie nicht möglich. Wenn wir sie unterdrücken oder manipulieren, verlieren wir das Mit*gefühl* für andere Menschen und die Fähigkeit uns einzu*fühlen*. Wenn wir verstehen wollen, wie ein anderer die Welt sieht, gibt es nur den einen Weg über die Gefühle. Wir müssen erst fähig sein, unsere eigenen Gefühle wahrzunehmen, bevor wir einen anderen verstehen können.

Auch unsere Wünsche haben wir, um Gefühle zu erleben. Ob du materielle Güter anstrebst, ob du berufliche Pläne hast, ob du in deiner charakterlichen oder persönlichen Entfaltung etwas vorankommen möchtest – du strebst Gefühle an. Der bewusste Wunsch, was du glaubst erreichen zu wollen, ist nicht das ursprüngliche Ziel. Er ist nur die Oberfläche. Darunter liegt etwas Wesentlicheres. Darunter liegt ein Gefühl. Das Ziel hinter dem Ziel ist ein Gefühl.

Jemand möchte ein teures Auto fahren, um sein Selbstwertgefühl zu steigern. Innerlich sieht er, wie er aus dem beeindruckenden Wagen aussteigt, er sieht, wie seine Freunde ihn bewundern, wie sie ihn für erfolgreich halten und wie er sich dabei gut und geachtet fühlt. Ein Politiker, der nach oben strebt, der Präsident oder Minister werden möchte, will das Gefühl von Macht ausleben. Ein Politiker sagte mir einmal, das schönste an seinem Beruf sei für ihn, vor vielen Zuhörern zu sprechen, sie von seinen Ideen zu überzeugen. Es entstehe eine Art Rausch, der ihn und die Zuhörer verbinde. „Solche Erlebnisse sind für mich so wichtig“, erzählte er, „ich finde das so erhebend, dass ich den beschwerlichen Rest, die Gemeinheiten, Tricksereien und die Routine dieses Berufes ertrage.“ Jemand will in einem Unternehmen die Karriereleiter hinaufsteigen – er möchte endlich seine Ideen verwirklichen und frei entscheiden können, ohne bei jedem Problem einen Chef fragen zu müssen. Er will Freiheit erleben. Ein anderer baut für seine Familie ein Haus. Er freut sich auf die Sicherheit für seine Kinder und die Ruhe, die ihm der Garten bieten wird. Ein weiterer wirbt um eine Frau. Er sucht vielleicht Geborgenheit oder Nähe, oder er will seine Lust ausleben. Eine Malerin ersehnt für sich ein neues Atelier, um endlich ungestört und in Ruhe arbeiten zu können. Sie freut sich auf die Kraft und Lebendigkeit, die sie beim Malen erlebt – es geht immer um Gefühle.

Wenn wir Wünsche haben, wollen wir in Wahrheit Gefühle erleben. Deswegen ist es eine gute Möglichkeit, sich seiner Wünsche bewusst zu werden, indem man sich bewusst macht, welche Gefühle man eigentlich anstrebt.

Wenn du das nicht erkennst, dann musst du immer *mehr* haben. Du besitzt ein neues Auto, aber du hast nicht gelernt, es zu genießen. Du lässt dich nicht darauf ein, was es für dich bedeutet. Rasch verliert es den Reiz und es wächst der Wunsch nach einem anderen, noch größeren oder besseren Auto. Ein Popstar ist am stärksten berührt, wenn er Verbundenheit und Nähe zu seinen Fans erlebt. Aber dies hat er noch nicht durchschaut. Er glaubt, dass es ihm um Ruhm geht. Er lässt sich auf das für ihn Wesentliche innerlich nicht ein und ist nach jedem Auftritt schnell unzufrieden. Als Ersatz bemüht er sich um immer mehr Ruhm. Er will größere Säle, mehr Zuschauer, mehr Erfolg. Aber alles das wird ihn nicht befriedigen. Wenn du nicht wahrnehmen kannst, willst du immer mehr mehr mehr.

Auch unserem Naturwissenschaftler geht es, wenn er forscht, in Wahrheit um Gefühle, obwohl er es nicht bemerkt. Kommt ihm eine gute Idee, fühlt er sich lebendig und bedeutsam. Wenn er eine schwierige Messreihe erfolgreich beendet, ist er stolz, berührt oder zufrieden. Möglicherweise fühlt er sich machtvoll und verbunden mit seinem Forscherteam. Oder er geniesst den Ruhm, die Anerkennung und das Selbstwertgefühl, das dabei entsteht. Für diese Empfindungen arbeitet er, dafür nimmt er die Überstunden, die Zweifel, die Rückschläge in Kauf. Auch bei ihm geht es um Gefühle. Würden Naturwissenschaftler diesen elementaren Zusammenhang durchschauen, würden die meisten von ihnen ihren Beruf rasch verlassen.

Der Umgang mit unseren Gefühlen entscheidet, ob wir uns gut fühlen oder schlecht, ob wir mit dem Leben verbunden sind, ob wir andere Menschen spüren, ob wir uns isoliert fühlen oder als Teil eines

Zusammenhanges. Die Gefühle sind Ausdruck unseres Lebens - und sie erhalten uns am Leben. Die Seele braucht sie so, wie der Körper Wasser und Nahrung braucht. Sie schafft sich den Körper, *um* Gefühle erleben zu können. Die Seele kann ohne den Körper Gefühle überhaupt nicht erfahren. Sie braucht ihn genau dazu. Dies bedeutet das Wort inkarnieren: Die Seele erschafft sich den Körper, betritt damit die materielle Welt und erlebt diese Welt in Form der Gefühle und Empfindungen, die in dem Körper ausgelöst werden.

Es ist wie mit einer Urlaubsreise. Stell dir vor, ein Freund kehrt zurück von einer Reise nach Südamerika - in die Anden. Er berichtet dir begeistert davon. So begeistert, dass du neugierig wirst und dich von der Idee anstecken lässt, selbst dieses Gebirge und den Kontinent kennenzulernen. Jetzt kannst du diese Reise bis in die Feinheiten planen. Du kannst den Flug, die Hotels, deine Wanderrouten vorher festlegen und buchen. Du kannst dir sogar detaillierte Informationen über das Klima, über die Ernährung und die Sitten beschaffen. Aber um es wirklich zu genießen, um es wirklich zu er-leben, musst du selber hin. Du musst deinen *Körper* dorthin bringen, sonst wird es nie eine Erfahrung. Wenn du aus dem Flugzeug steigst, bereits auf der Gangway, wenn du zum ersten Mal die Luft und den Wind des für dich neuen Kontinents einatmest, erfährst du mehr, als bei der ganzen Planung der Reise. Du wirst die Menschen kennenlernen, mit ihnen reden und mit ihnen essen. Ihre Bewegungen, ihre Musik, ihre ganze Kultur lösen in dir Eindrücke und Gefühle aus, die du nie wieder vergessen wirst. Dann kommst du in die Anden. Du wanderst dort tage-, vielleicht wochenlang. Du lernst die Sonnenaufgänge, die Stürme, die ganze Schönheit dieser Natur kennen. Du erlebst sie, weil du wirklich da bist, weil du deinen Körper hingebracht hast. Wenn du dann hin und wieder ganz still wirst und in dich lauschst, erkennst du vielleicht sogar, welche Erfahrung deine Seele bei dieser Reise wirklich sucht.

Eine solche Reise ist eine kleine Inkarnation in den Kontinent Südamerika. Du bringst deinen Körper dorthin, um etwas zu erleben. Dein ganzes Leben ist eine Reise in den Kontinent Erde. Wenn du den Erfahrungen während dieser Reise ausweichst, indem du nicht darauf achtest, was du innen, in deinem Körper erlebst, ist es so, als würdest du etwas essen und dabei auf deine Geschmacksnerven verzichten.

Du kannst keine Erfahrungen machen, wenn du deine Gefühle nicht wahrnimmst.

Aber eben dies tun die meisten Menschen. Sie spüren nicht nach innen. Sie fürchten ihre Gefühle, sie manipulieren sie oder kämpfen gegen sie an. Sie erschaffen sogar umfangreiche Theorien, wie das sogenannte „positive Denken", in denen sie begründen, warum man Gefühle nicht so lassen darf, wie sie sind. Sie nutzen sogar die Angst vor ihren Gefühlen als Energiequelle, als Antriebsmittel, um sich in der Welt zu „behaupten" und um erfolgreich zu sein.

Einer der Erfinder moderner Motivationsmethoden, Anthony Robbins, gibt in seinem Weltbestseller über das sogenannte „Robbins power Prinzip" dutzende Anleitungen, wie man Gefühle verleugnet und manipuliert. Es gehe darum, sagt er, „Macht über Gefühle" zu erhalten und die „Gefühle in den Griff bekommen", Gefühle als „Handlungsbedarfssignale" zu „nutzen", „Gefühle zu korrigieren", „Gefühle zu ändern", „zu meistern", zu "beeinflussen", Gefühle in ihrer Intensität zu „dämpfen", „Gefühle zu analysieren", aus Gefühlen zu „lernen", sie zu „bewältigen, mit ihnen „fertig zu werden", ihnen zu „wehren", sie „auszulöschen", sich von ihnen „nicht unterkriegen" zu lassen.[1]

Du kannst, wenn du Gefühle so manipulierst, geschäftlich sehr erfolgreich werden. Du kannst sehr viel Geld verdienen und sehr mächtig werden. Du wirst dabei aber den Irrsinn, das Chaos und den Schmerz in deiner Umgebung und in dir selbst vergrößern. Zugleich wird das Leben an dir vorbeiziehen, ohne dich wirklich zu berühren. Du wirst trotz allen materiellen Erfolges mit der Empfindung leben, dass etwas Wichtiges fehlt, dass „das doch nicht alles gewesen sein kann".

Man kann sich heute kaum einen erfolgreichen Manager in der Wirtschaft oder in der Politik mit einem offenen und transparenten Gefühlsleben vorstellen. Seine Geschäftspartner und Konkurrenten würden das unweigerlich als Schwäche auslegen. Edzard Reuter, der langjährige Vorstandsvorsitzende der Daimler Benz AG, eröffnet seine vielbeachtete Autobiografie bereits im zweiten Satz(!) mit der Ankündigung, dass er über seine „privaten Empfindungen" „über die eine oder andere unausweichliche Andeutung hinaus" in diesem Buch „nichts berichten wird"! Da schreibt jemand ein Buch über sein Leben und verschweigt seine Gefühle! Worüber berichtet er überhaupt, wenn er sie unterschlägt? Worüber berichtet er, wenn er nur erzählt, *was* er erlebt und nicht *wie* er es erlebt? Was waren seine Ängste, worüber freute er sich, worin bestand die Dramatik seines Daseins? Was war die Essenz seines Lebens, die er nur über seine Empfindungen erlebt haben kann?

So kommt es, dass viele Menschen ihr Leben lang lediglich einen rudimentären Zugang zu ihrer Innenwelt besitzen. Sie fühlen sich ‚gut', womit sie zumeist meinen, dass sie sich sicher oder geborgen fühlen oder dass sie Spaß haben und erfolgreich sind. Oder sie fühlen sich ‚schlecht', was sie als Druck, Stress, Zorn, Eifersucht oder Angst erleben. Eine differenzierte Wahrnehmung fehlt ihnen. Wann fühle ich mich ohnmächtig, minderwertig, einsam oder schuldig? Wann fühle ich mich, im Gegenpol dazu, machtvoll, nah, kraftvoll, selbstbewusst? Und: *Wo* in meinem Körper erlebe ich diese Gefühle? *Wie* fühlt es sich an diesen Körperstellen an? Erlebe ich es als Druck oder als Kloß, als Stechen, Wärme oder Weite. Diese Wahrnehmung ist die Grundlage eines erfüllten Lebens; sie fehlt den meisten Menschen. Bei vielen sind sogar regelrechte Symptome von Angst zu beobachten, wenn sie aufgefordert werden, ihre Gefühle wahrzunehmen und zu artikulieren.

Diese Scheu, sich auf die Erfahrungen des Lebens einzulassen, ist der Ausgangspunkt vieler Konflikte, die unsere Zivilisation über Generationen hinweg erzeugt. Sie ist auch der Ausgangspunkt der Angst, die unser Leben dominiert.

Alle Ängste haben die gleiche Struktur

Wenn wir uns etwas wünschen, streben wir ein Gefühl an. Darüber hatten wir soeben gesprochen. Der Wunsch hinter dem Wunsch ist ein Gefühl. Wenn wir in der materiellen Welt etwas erreichen wollen, suchen wir in Wahrheit ein emotionales Erlebnis.

Aber nicht nur die Wünsche sind von Gefühlen motiviert. Das gleiche gilt auch für Angst. Ängste und Wünsche haben diese Gemeinsamkeit: Beide sind Reaktionen auf Gefühle. Wir werden später tiefer vordringen und sehen, dass sie energetisch überhaupt nicht unterscheidbar sind, dass es keinen wirklichen Unterschied zwischen ihnen gibt. Sie bestehen aus der selben Qualität, aus dem selben Stoff. Sie sind zwei Seiten einer Medaille. Sie scheinen auf diametral entgegengesetzte Weise unser Lebensgefühl zu bestimmen, und doch sind sie dasselbe. Der Unterschied zwischen ihnen ist äußerlich.

Aber zunächst wollen wir uns anschauen, auf welche Weise Angst mit Gefühlen verknüpft ist, wie dieser Mechanismus funktioniert.

Angst lässt sich am besten verstehen, wenn man sie dort studiert, wo sie sich am deutlichsten zeigt: Im Umgang mit anderen Menschen. Immer wenn du dich in deinen Beziehungen, sei es zu Lebenspartnern, Kollegen, Geschäftspartnern oder Freunden in irgend einer Form unter Druck gesetzt fühlst, sind Mechanismen von Angst aktiv. Wenn du eifersüchtig wirst, wenn du dich ausgeliefert oder eingeengt fühlst, wenn dich Sorge, Zorn oder Einsamkeit belästigen, dann wirken im Hintergrund, häufig unbemerkt, Ängste.

Schauen wir uns die Eifersucht an. Der Ehemann bricht abends auf, mit seinen Freunden zum Bowling, wie er seiner Frau sagt. Sie traut ihm nicht. Sie glaubt, dass er dort eine andere Frau trifft oder dass er in Wahrheit überhaupt nicht zu Freunden geht, sondern zu einer Geliebten. Sie macht ihm eine Szene. Sie sagt ihm, dass er ein Lügner ist und sich verantwortungslos verhält. Vielleicht schreit sie ihn sogar an.

Er antwortet heftig. Er wirft ihr die Eifersucht und ihre ewige Nörgelei vor. Schliesslich geht er, laut die Tür zuschlagend, davon.

Was geschieht in der Frau? Was erlebt sie in Wahrheit? Lieber Leser, nimm dir ein paar Minuten Zeit. Nimm einen Zettel und notiere dir Ideen, was in der Frau wirklich geschieht. Abgesehen von ihrer Eifersucht und ihrer Wut - welche Empfindungen könnte sie außerdem haben? Stell dir die Szene in Zeitlupe vor oder halte sie vor deinem inneren Auge ganz an. Spüre in diese Frau hinein – was fürchtet sie wirklich?

Du wirst feststellen, es können sehr unterschiedliche Empfindungen sein, die sie unter Druck setzen. Möglicherweise fühlt sie sich **einsam**, wenn der Mann geht oder wenn sie daran denkt, ihn ganz zu verlieren. Es könnte sein, dass sie Einsamkeit fürchtet.
Möglicherweise fühlt sie sich auch **minderwertig**. Vielleicht denkt sie: „Wenn ich schöner oder klüger wäre, dann würde er sich nicht für andere Frauen interessieren". Dann wäre es also nicht Einsamkeit sondern Minderwertigkeit, die sie fürchtet (oder beides).
Es könnte aber auch sein, dass sie sich **schuldig** fühlt. Sie denkt womöglich, sie habe sich für ihren Job zu sehr engagiert und sich zu wenig Zeit für die Familie und den Mann genommen. Deswegen verlässt er sie jetzt und es ist ihre Schuld, dass die Familie zerfällt.
Es könnte aber auch sein, dass sie sich **ohnmächtig** fühlt. Bisher hielt die Familie zusammen. Doch jetzt bricht ihr Mann aus, und alles gerät aus den Fugen. Sie hat die Dinge nicht mehr im Griff und fühlt sich ohnmächtig.
Es könnte auch schlicht sein, dass sie **traurig** ist. Dass es sie traurig macht, wenn ihr Mann allein weggeht – ob zu einer anderen oder nicht. Oder dass es sie traurig macht, dass er nicht offen zu ihr ist.

Ausgehend von dieser Erkenntnis wollen wir uns den Zorn anschauen. Stell dir vor, zwei alte Freunde sitzen in einer Kneipe und unterhalten sich über ein politisches Thema. Wir nehmen an, dass diese Freundschaft hierarchisch geprägt ist. Der eine Freund war bisher dominierend, und der andere ordnete sich unter und war immer der gleichen Meinung. Auf dieser Basis funktionierte die Beziehung gut, weil der eine gern den Ton angab und der andere anlehnungsbedürftig war. Er suchte Schutz und bewunderte seinen starken Freund gern. Nun aber, bei dieser politischen Diskussion in der Kneipe, ist der zweite plötzlich nicht mehr der gleichen Meinung wie sein Freund. Er widerspricht vehement und will sich auf keinen Fall unterordnen. Der Freund gerät daraufhin in Wut, die sich noch steigert, je mehr sich der bisher schüchterne Partner wehrt.

Was geschieht hier wirklich? Welche Gefühle könnten im Hintergrund, hinter dem Zorn des bisher dominierenden Freundes verborgen liegen? Notiere deine Ideen, bevor du weiterliest!

Es könnte sein, dass er sich **ohnmächtig** fühlt. Bisher war alles ganz einfach. Der andere stimmte immer zu. Doch plötzlich ist es anders. So hat er seinen Freund noch nie erlebt. Das kennt er nicht. Er weiß nicht, wie er darauf reagieren soll und warum der andere sich plötzlich wehrt. Ihm entgleitet die Situation. Er fühlt sich hilflos, und anstatt diese Hilflosigkeit zuzulassen, reagiert er mit Wut.
Es könnte auch sein, dass er sich **einsam** fühlt. Bisher war der Freund immer auf seiner Seite. Jetzt fühlt er sich allein gelassen.
Womöglich fühlt er sich auch **schuldig**. Wenn er ein bisschen tiefer blickt, wenn er schon etwas mehr über Beziehungen verstanden hat, ist dies gut möglich. Vielleicht denkt er: ich habe meinen Freund bisher dominiert, weil ich so großspurig bin. Wenn ich mich nicht so idiotisch verhalten würde, würde es jetzt nicht diesen überflüssigen Streit geben. Und er fühlt sich schuldig.
Vielleicht fühlt er sich auch **minderwertig**. Wenn er bisher aus seiner Dominanz und der kritiklosen Zustimmung des Freundes sein Ego und sein Selbstwertgefühl gespeist hat, könnte es gut möglich sein, dass er sich jetzt, wo unerwartet heftiger Widerspruch kommt, nicht mehr geachtet fühlt.

Du hast bestimmt schon bemerkt, dass der zornige Freund etwas ähnliches erlebt wie die eifersüchtige Frau. Es sind zwei unterschiedliche Menschen in zwei unterschiedlichen Situationen. Der eine ist zornig und der andere eifersüchtig. Aber im Hintergrund, von beiden wahrscheinlich unbemerkt, geschieht etwas Ähnliches.

Was geschieht, wenn sich jemand Sorgen macht? Stellen wir uns diese Situation vor: Eine Mutter pflegt ihr schwer erkranktes Kind. Die Krankheit ist bedrohlich für das Kind, so dass sich die Mutter ernsthaft sorgt.

Was erlebt die Mutter wirklich?

Auch sie könnte sich mit dieser Situation allein gelassen und **einsam** fühlen. Der Gedanke daran, das Kind zu verlieren, könnte bei ihr ebenfalls Einsamkeit auslösen.
Sie könnte sich natürlich auch **schuldig** fühlen. „Wenn ich mehr Zeit gehabt hätte für mein Kind, wäre das nicht passiert" , geht ihr vielleicht durch den Kopf.
Sie könnte sich auch **ohnmächtig** fühlen. Vielleicht konnte sie bisher alle Situationen in ihrem Leben aus eigener Kraft meistern. Aber hier sind ihre Möglichkeiten erschöpft. Sie kann nicht mehr viel tun. Ob das Kind gesund wird oder nicht, muss sie Gott überlassen. Aber anstatt die Ohnmacht anzunehmen, sie wirklich zu spüren und still zu werden, zermartert sie sich in Sorgen.
Möglicherweise ist sie **traurig** darüber, dass ihr Kind leidet. Vielleicht fühlt sie sich auch **minderwertig**. Sie denkt: „Immer passiert mir so etwas. Anderen Müttern passiert es nie. Nur mir."

Solange sich die Mutter ihre wahren Gefühle nicht bewusst macht, wird sie mit ihrer Sorge sich und ihr krankes Kind unter Druck setzen. Angenommen sie fühlt sich schuldig. Dann wird sie, solange sie sich dessen nicht bewusst wird, an ihrem Kind das Schuldgefühl ausagieren. Sie wird sich an andere um Hilfe wenden, sie wird ständig um das Kind sein, sie wird dies und das tun, und den Wickel umlegen und noch das Süppchen kochen. Vielleicht braucht das Kind aber einfach viel Ruhe und das Gefühl, dass im Hintergrund jemand da ist. Die Mutter selbst wird bei ihrem ganzen Aktionismus glauben, sie helfe dem Kind. In Wahrheit tut sie alles, um ihr Schuldgefühl loszuwerden. Erst wenn sie sich mit diesem Gefühl akzeptiert, erst wenn sie sich als jemanden akzeptiert, der auch Fehler machen und der auch schuldig werden darf, erst wenn sie damit im Reinen ist – erst dann ist sie in der Lage zu erkennen, was ihr krankes Kind *wirklich braucht*. Erst wenn dieser Druck von ihr fällt, kann sie die Frage nach den Bedürfnissen des anderen stellen.

Ähnlich ist es mit einem Arzt, der sich selbst nicht mit seiner Todesangst konfrontiert hat und der einen sterbenskranken Patienten begleitet. Der Arzt wird an dem Patienten seine Angst vor dem Tod ausagieren. Er wird nicht in der Lage sein zu erkennen, was der Patient wirklich benötigt. Er wird mit allen Mitteln versuchen, dessen Sterben zu verhindern und wird in Machtfantasien verfallen, den Tod zu „besiegen". Er wird sein medizinisches Programm systematisch abspulen. Er wird kein Kriterium haben, wie lange er die Überlebensgeräte eingeschaltet lässt und wann sie überflüssig werden. Er wird seinen Kampf bis zum bitteren Ende durchziehen und den Tod des Patienten als persönliche Niederlage empfinden. Vielleicht wäre es für den Patienten wichtig, mit einer unterstützenden Hand in Ruhe zu sterben. Vielleicht wäre es richtig, lediglich seine Schmerzen zu dämpfen, damit er möglichst bewusst sterben kann.

Wenn du Einsamkeit nicht ertragen kannst, weil du sie fürchtest, dann wird dies deine Beziehungen zu anderen, insbesondere zu deinem Lebenspartner beherrschen. Du wirst um ihn kämpfen – nicht weil du ihn liebst, nicht weil du ihm zugeneigt bist, sondern weil du fürchtest, ihn zu verlieren. Du wirst seine Unabhängigkeit fürchten und misstrauisch sein. Wenn dann die Beziehung doch endet, wirst du sofort, übergangslos, einen anderen Partner suchen – weil du nicht allein sein kannst. Dies hast du bestimmt in deinem Umfeld schon häufiger beobachten können: Jemand trennt sich und geht sofort, ohne Übergang, eine andere Beziehung ein. Statt erst einmal bei sich selber anzukommen, statt zur Ruhe zu kommen, statt sich Zeit zu lassen, um die alte Beziehung zu verabschieden, beginnt er sofort eine neue.

Wenn die Umwelt in dir Gefühle und Empfindungen auslöst, die du nicht wahrnehmen möchtest, beginnt in dir ein erbarmungsloser Kampf. Dein Ego, deine Psyche, dein ganzes energetisches System versucht mit aller Macht, diese Empfindungen nicht bewusst werden zu lassen. Der Kampf findet *in* dir statt, in deinem Körper und in deiner Psyche. Er wird dir nicht einmal bewusst werden. Der Kampf geschieht automatisch. Er läuft seit deiner Kindheit wie ein Programm. Er wird so lange weiter laufen, bis du ihn dir bewusst machst. Aber, und das ist wichtig, diese Auseinandersetzung stellt zugleich eine große Chance dar. Denn sie läuft nicht nur in dir. Sie muss gleichzeitig nach außen, sie muss ans Licht treten. Ein Kampf, der in dir stattfindet, zeigt sich immer auch in deinen Handlungen. Es findet zugleich ein Kampf außen statt. Dieser äußere Kampf kann sehr unterschiedliche Formen annehmen, er kann in verschiedenen Gestalten erscheinen. Vielleicht hasst du jemanden, oder du willst jemanden besiegen, oder du sorgst dich um jemanden, oder du willst erfolgreich und machtvoll sein. Möglicherweise wirst du krank. Es könnte auch sein, dass du Druck erlebst. Du lebst mit dem Gefühl, pausenlos unter Druck zu stehen. Der äußere Kampf kann sehr verschiedene Formen annehmen, und manchmal muss man genau hinsehen, um es zu durchschauen. Bei dem Arzt mit der Angst vor dem Tod artet der äußere Kampf in die Machtfantasie aus, den Tod zu besiegen. Bei der Mutter mit dem kranken Kind erscheint der äußere Kampf in Form der ständigen Sorge, während sie innen ihre Schuldgefühle unterdückt.

In unserem Beispiel mit der eifersüchtigen Frau geschieht der äußere Kampf in Form der Eifersuchtsszene. Angenommen, sie fühlt sich bei dem Gedanken daran, ihr Mann könnte sie verlassen, minderwertig. Sie wird erst, wenn sie dieses Gefühl zulässt, wenn sie sich auch mit der Minderwertigkeit akzeptieren und sogar lieben kann, nicht mehr mit Eifersucht reagieren müssen. Dann wird sie authentische Möglichkeiten finden, um mit dieser Situation umzugehen. Solange sie aber diesen Schritt nicht getan hat, solange sie sich nicht mit sich selber ausgesöhnt hat, bleibt sie in ihrer Eifersucht gefangen.

So ist es auch mit dem Freund, der sich angesichts des Widerspruchs seines Partners ohnmächtig fühlt. Wenn er diese Ohnmacht zulassen kann, wenn er in der Lage ist, sie anzunehmen und zu spüren, dann muss er nicht mehr mit Zorn reagieren. Er ist einfach ohnmächtig, er erlebt in dieser Freundschaft auch einmal Ohnmacht. Das ist nicht weiter dramatisch, es ist nicht schlimm. Schlimm wird es für ihn erst, wenn er die Ohnmacht loswerden möchte, wenn er gegen sie zu kämpfen beginnt. Dann beginnt das Unwohlsein, der Energieverlust. Dann erst kommt auch der Zorn. Nach innen ist es der Kampf gegen die Ohnmacht, nach außen ist es der Kampf gegen den Freund. Nach innen ist es die Furcht vor der Ohnmacht, nach außen ist es der Zorn.

Wenn du außen gegen etwas oder um etwas kämpfst, dann geschieht in dir ein Kampf um die Verdrängung eines Gefühls. Dies ist ein wichtiger Zusammenhang. Ich nenne ihn

das erste Geheimnis der Freiheit:

> **Jede Angst ist im Kern Angst vor einem Gefühl. Wir fürchten nie die Welt, sondern die Gefühle, die sie in uns auslöst.**

Jemand fürchtet sich vor Arbeitslosigkeit. Jede Nacht träumt er vom blauen Brief. Wenn du ihn fragst, was er eigentlich am meisten fürchtet, was das Schlimmste wäre, das ihm nach einer Kündigung geschehen könnte, würde er vielleicht antworten: Am meisten fürchte er, von seiner Frau verlassen zu werden und dass daraufhin die Familie zerfalle. Auf die Frage, was er dann erleben würde, würde er vielleicht sagen, dass er die Einsamkeit nicht ertrage - er fürchtet sich vor Einsamkeit. Seine Angst vor dem blauen Brief ist letztlich seine Angst vor Einsamkeit.

Für einen anderen wäre die schlimmste Folge der Arbeitslosigkeit ein sozialer Abstieg. Er befürchtet, seinen bisherigen Lebensstandard nicht halten zu können und auf diese Weise von seinem sozialen Umfeld isoliert zu werden. Wenn er sich fragt, was er dabei tatsächlich fühlen würde, käme als Antwort: Minderwertigkeit - Er fürchtet also, sich minderwertig zu fühlen. Seine Angst vor dem blauen Brief ist nichts anderes als Angst vor Minderwertigkeit.

Jemand anderes fürchtet, dass sich seine Sehkraft verringert. Fragte er sich, was er in diesem Fall am meisten befürchtet, würde er antworten, auf Hilfe angewiesen zu sein. Selbst bei kleinsten Handlungen Unterstützung zu benötigen, würde bei ihm ein Gefühl von Abhängigkeit und Ohnmacht auslösen.

Jede Angst ist im Kern Angst vor einem Gefühl.

Wenn du Angst spürst, wenn du Druck spürst, dann findet in dir ein Kampf gegen Gefühle statt. Außen ist es die Angst, innen ist es die Abwehr von Gefühlen. Die Gefühle, die am häufigsten gemieden werden, denen die Menschen am intensivsten ausweichen, sind:

Trauer
Einsamkeit
Minderwertigkeit
Schuld
Ohnmacht
Hilflosigkeit und
Scham.

Nun wird der entscheidende Schritt möglich: Wenn du dich dem Gefühl zuwendest, welches hinter einer Angst liegt, hört diese Angst auf. Die Angst ist weg, sie verschwindet, sie löst sich auf. Eben war da noch Druck, Enge, Sinnlosigkeit. Statt dessen entstehen Weite und Wärme. Du fühlst dich mit dir und dem Leben verbunden. Ich wünsche dir, dass du diese Erfahrung so bald wie möglich machst und sie für alle Zeit verinnerlichst.

Wenn du Angst hast, wenn etwas Druck oder Stress auslöst, dann handele zunächst nicht. Werde still, gehe nicht in deine bisherigen Muster. Versuche nicht, den Druck abzuwehren. Schließe deine Augen. Vergegenwärtige dir die Situation, die den Druck in dir erzeugt: Vielleicht ist die Ursache ein Drohbrief vom Finanzamt, vielleicht ist es ein Streit mit einem Freund oder mit einem Geschäftspartner, vielleicht ist es eine Rechnung, die du nicht bezahlen kannst. Vergegenwärtige dir möglichst plastisch die Situation. Dann spüre in dich hinein. Mit etwas Übung wirst du zwei Entdeckungen machen. Erstens wirst du beobachten können, dass sich der Druck in deinem Körper an einer konkreten Stelle manifestiert. Jede Angst manifestiert sich im Körper. Vielleicht erlebst du Druck oder Enge im Bauch, oder Druck oder Enge im Brustkorb, oder du spürst einen Kloß im Hals oder an anderen Körperstellen. Manchmal ist der ganze Körper oder die ganze Haut betroffen. Aber du wirst die Empfindung immer im Körper beobachten können. Nimm dir Zeit dafür, schau sie dir in Ruhe an. Spüre, wenn du innerlich gegen diese Körperreaktion ankämpfst – und dann lasse diesen Kampf los. Schau dir die Körperreaktionen an und bleibe passiv dabei. Das bedeutet Loslassen: Etwas anzuschauen und nicht mehr dagegen zu kämpfen. Plötzlich wirst du das Gefühl spüren, welches du die ganze Zeit bekämpft hast. Du wirst das Gefühl spüren, das mit der Angst verbunden ist. Du wirst die Traurigkeit, die Einsamkeit, die Scham, die Minderwertigkeit oder ein anderes Gefühl entdecken, das hinter dem Druck verborgen war. Plötzlich ist es da, es taucht auf. Es war immer schon da, aber jetzt wird es dir erst bewusst. Als du noch zornig warst oder voll Sorge, konntest du es nicht spüren, da war es verschüttet. Jetzt, wo du dir die Zeit nimmst, wo du still wirst und dich auf deinen Körper einlässt, ist es da. Lass dich darauf ein. In dem Moment, wo du akzeptieren kannst, was du hier erlebst, kommt die Entspannung. Die Stelle im Körper, wo der Druck war, wird plötzlich weich. Sie wird weit oder warm, und du fühlst dich mit dir und dem Dasein verbunden.

Jeder kennt Momente, wo er diese Entspannung spontan erlebte. Du hast vor etwas Angst, vielleicht irrsinnige Angst, du weißt nicht wohin du dich verkriechen willst, wie du die Sache jemals lösen sollst. Doch dann passiert etwas. Vielleicht kommt eine Nachricht, die die Situation entschärft, vielleicht bietet dir jemand unerwartet Hilfe an – und plötzlich entspannst du dich, du genießt wie der Druck weicht, du gehst wieder offen auf die Welt zu. Manche erleben es mit Einsamkeit. Der Abend beginnt und sie sind allein. Es ist furchtbar. Niemand ist da, alle sind verabredet. Du fühlst dich verlassen, minderwertig, einsam. Du spürst Druck und Leere. Nach ein, zwei Stunden plötzlich weicht der Druck, es wird weich, du beginnst dich wohlzufühlen, du tust etwas, was dir wirklich Freude bereitet – du liest ein Buch, oder hörst Musik. Oder du möchtest einfach nur dasitzen. Um so weiter der Abend fortschreitet, desto mehr genießt du das Alleinsein. Du söhnst dich mit deiner Einsamkeit aus. Manche erleben solche Situationen, wenn sie sich mit anderen aussprechen. Etwas bedrückt sie, sie wissen nicht, wie sie es lösen sollen. Sie erzählen jemandem ihre Sorge. Wichtig ist, dass der andere wirklich zuhört, er muss die Kunst des Zuhörens beherrschen und darf keinen Rat geben. Auch dann geschieht dieses kleine Wunder: Obwohl der Zuhörer nicht wirklich helfen kann, obwohl er das Problem nicht lösen kann, geschieht es. Durch sein Zuhören, durch sein Interesse und Mitgefühl passiert eine Transformation. Es kommt die Entspannung.

Jede Angst ist im Kern Angst vor einem Gefühl.

Immer, wenn du dich dem Gefühl hinter einer Angst zuwendest, passiert diese Transformation. Du musst nur die Blickrichtung ändern. Statt in der Angst zu verharren, statt von ihr gelähmt zu bleiben, statt außen zu agieren: Schau tiefer, spüre in dich hinein. Welches Gefühl ist da? Was bedrückt Dich? Es ist immer ein Gefühl vorhanden. Schau hin! Spüre es, und lasse es wirklich zu, lasse es bei dir sein, verurteile es nicht, versuche nicht, es loszuwerden – und dann passiert diese Transformation, dann kommt diese Veränderung. Du musst die Blickrichtung ändern, du musst hinschauen, was du wirklich erlebst. Du musst unter der Angst hinweg tauchen.

Ein kleines Boot fährt auf das offene Meer hinaus. Es bringt acht Tauchschüler zu einem Riff, wo sie, allesamt Anfänger, zum ersten Mal in ihrem Leben 20 Meter tief tauchen werden. Das Boot ist entsprechend beladen: die acht Taucher, ein Steuermann, zwei Tauchlehrer, zehn Tauchausrüstungen. Das Boot liegt tief im Wasser, die Oberkante des Rumpfes steht nur eine Hand breit über dem Wasserspiegel. Doch draußen geht ein ziemlich heftiger Wind. Die Wellen sind teilweise bis zu 1,5 Meter hoch. Den Tauchschülern macht die Ausfahrt sichtbar Angst. Das Boot scheint diesem Seegang in keiner Weise gewachsen, und das Riff liegt fast zwei Kilometer von der Küste entfernt! Wenn da draußen etwas passiert, besteht keine Aussicht, wieder zurückzukommen. Dann sind sie am Riff, das Boot stoppt und schlingert. Sie sollen jetzt die Tauchausrüstung anlegen, was bei der Schaukelei schwer fällt, und dann sollen sie mitten in die aufgewühlte See springen und dabei den letzten halbwegs sicheren Ort, das Boot, verlassen! Die Schüler sind blass. Mit wackeligen Knien, mühsam die Balance haltend, nehmen sie die Sauerstoffflasche auf und legen die Tauchmasken an. Sie sehen die aufgewühlte See, nehmen ihr Herz in die Hand und springen hinein. Da passiert ein kleines Wunder. Kaum sind sie hinein gesprungen, kaum sind sie ein Stück untergetaucht, nur zwei, drei kräftige Schwimmbewegungen in die Tiefe, ist plötzlich um sie Ruhe. Der Ozean ruht, mit leichten, fast wohligen Bewegungen. Sie sehen, dass die Atmung gut funktioniert und sie sehen etwas anderes: Oben, an der Oberfläche war das Wasser zerwühlt, undurchsichtig, schmutziggrün. Doch jetzt ist plötzlich alles klar. Unter ihnen erscheint das farbenprächtige Riff und schon begegnen ihnen die ersten leuchtend-bunten Fische. Oben war alles verwirrend und gefährlich, aber gleich nach dem Eintauchen präsentiert sich die Welt transparent und voller anziehender Geheimnisse.

Es genügt, ein kleines Stück unter der Angst hinwegzutauchen, und es wird dir etwas völlig anderes begegnen. Dir begegnet Ruhe, dir begegnen Kraftquellen und Verbundenheit mit dem Leben. Dort, wo dir das Leben am meisten Angst bereitet, wirst du auf deine größten Kraftquellen stoßen, und dort wirst du am meisten vom Leben berührt sein. Aber bevor du hinuntertauchen kannst, musst du hineinspringen. Mache dir die Angst bewusst, wende dich ihr zu und springe dann hinein.

Am Anfang, wenn du beginnst, dir deine Ängste bewusst zu machen, wirst du Zeit brauchen, um das versteckte Gefühl zu finden. Du wirst ruhig werden müssen, du wirst gezielt in die meditative Haltung gehen müssen, um zu erkennen, um welche Erfahrung es geht. Später, mit etwas Übung, wird es dir immer leichter fallen. Du wirst lernen, bereits in der Drucksituation wahrzunehmen und deine Gefühle zuzulassen. Dann wird dein Leben viel authentischer werden.

Wesentlich ist, nicht bei Zorn, Eifersucht, Sorge und Wut stehenzubleiben. Sie sind Reaktionen auf tiefer liegende Gefühle. Sie fühlen sich an wie Gefühle, aber sie sind in Wahrheit Reaktionen auf Gefühle. Gehe tiefer. Wenn du wütend bist, weil du belogen wurdest, dann bleibe nicht bei der Wut stehen. Sondern frage dich, wie es dir geht, wenn du belogen wirst. Was löst der andere bei dir wirklich aus? Du wirst spüren, dass du dich ohnmächtig fühlst oder minderwertig oder traurig. Wenn du dieses Gefühl zulässt, brauchst du die Wut nicht mehr, sie verschwindet von allein. Wenn du bei Zorn, Eifersucht, Sorge und Wut nicht stehenbleibst, dann musst du in die Tiefe gehen, dann musst du bewusster werden. Dann bleibt dir keine andere Möglichkeit mehr. Aus diesem Grund findet man im Wissensschatz aller Kulturen die Aufforderung: Zürne nicht, richte nicht, werte nicht. Überall auf der Welt haben die Erleuchteten diesen Hinweis gegeben. Dies sind keine moralischen Aufforderungen. Du bist kein schlechter Mensch wenn du zürnst oder richtest. Aber wenn du es nicht tust, dann musst du in die Tiefe gehen, dann musst du deine Wahrheit durchschauen, dann wirst du bewusster. Dann hast du keine andere Wahl mehr.

Dann wirst du ein emotional authentisches Leben führen, dann kommt eine große Fülle auf dich zu. Ich habe oft die Augen von Menschen gesehen, die in geführten Meditationen plötzlich der emotionalen Ebene ihrer Erfahrungen begegnen und sich dort aussöhnen. Ich habe dieses Leuchten gesehen, diese Klarheit, diese Entspannung. Eben hatten sie noch Angst und waren unruhig, weil sie sich mit ihren schmerzhaften Erfahrungen konfrontierten. Plötzlich sind sie gerade von ihnen berührt. Es kommt ein inneres Leuchten, eine innere Kraft, wenn der Kampf aufhört.

Wenn du diese Erfahrung zum ersten Mal machst, wirst du mit einem Schlag verstehen, was die Wissenden meinen, wenn sie sagen, dass Angst Unbewusstheit ist. Sie sagen, Angst verschwindet von selbst, wenn du bewusst wirst. Gegen die Angst zu kämpfen, ist sinnlos. Dadurch wird sie größer. Aber du kannst bewusster werden, dann löst sie sich auf. Ähnlich verhält es sich mit Licht und Dunkelheit. Gegen die Dunkelheit zu kämpfen bringt nichts. Es genügt, Licht hereinzulassen. Knipse das Licht an, und die Dunkelheit verschwindet sofort.

Du wirst eine überraschende Entdeckung machen: Eine Situation, die Druck auslöst, musst du nicht in der Außenwelt bereinigen, um den Druck loszuwerden. Denn Druck und Angst sind emotionale Vorgänge. Du bewältigst sie innen. Du kannst sie überhaupt nur innen bewältigen. Möglicherweise wirst du danach auch außen handeln. Aber lösen kannst du den Druck nur innen.

Eine Klientin, die in ihrer Kindheit bei ihren völlig verschlossenen Eltern aufwuchs und emotional nie aufgefangen wurde, erzählte mir, dass sie mit ihrem dreijährigen Sohn etwas sehr Merkwürdiges erlebt habe. Seit Tagen hatte er große Schwierigkeiten im Kindergarten. Er mochte die Erzieherin nicht, von der er sich gegängelt fühlte. Zugleich gab es Probleme mit den anderen Kindern, mit denen er sich stritt. Es war für ihn eine schwierige Situation. Er wollte nicht mehr in den Kindergarten gehen, er weinte jeden Morgen. „Mein Sohn", berichtete die Mutter, „kam eines Abends zu mir. Ich saß im Sessel und las. Er legte sein Köpfchen an mein Knie und kuschelte sich an. Ich blieb ganz still und legte meine Hand auf seinen Kopf. Dies dauerte einige Minuten. Dann stand er wieder auf und ging spielen. Seine ganze Schwere war verschwunden. Er hatte einen strahlenden Blick und war ganz leicht. Ich wollte meinen Augen nicht trauen. Wo war sein Kummer hin? Wie kam es, dass es ihm plötzlich besser ging? Wo war sein Schmerz geblieben? Ich glaubte schon, der sei jetzt in meinem Knie. Aber auch da war er nicht, mein Knie blieb ganz ruhig. Ich selbst habe in meiner Kindheit jahrelang Druck gehabt. Ich konnte ihn nie loswerden. Dann legt mein Sohn seinen Kopf zu mir, und ist erlöst. Was geschieht da?"

Ein emotionales Problem kannst du nur innen lösen. Dazu bedarf es keiner äußeren Aktion. Der Junge suchte die Nähe der Mutter und erfuhr dadurch, dass er akzeptiert wird. So konnte er sich selbst akzeptieren. Damit löste sich die Kränkung auf. Jedes Kind, das dies erleben kann, jedes Kind, das die Erfahrung macht, in einer bedrückenden Situation von einem Erwachsenen angenommen zu werden, wird es später leichter haben, zu seinen authentischen Gefühlen vorzudringen und sich selbst anzunehmen.

Bei den australischen Aborigines gibt es in jedem Stamm eine Person, die der „Zuhörer" ist. Ihre Aufgabe ist es zuzuhören, wenn ihr jemand etwas über sich erzählen möchte. Die Stammesmitglieder kommen mit ihren Problemen zu ihr und erzählen. Sie gibt keine Ratschläge. Sie hält einfach nur die Hand oder den Kopf des Gesprächspartners in ihrem Schoß und hört zu. Sie beherrscht die Kunst, so zuzuhören, dass der andere sich verstanden und akzeptiert fühlt. Damit kann er sich selbst akzeptieren. Damit verschwindet die Angst.

Auf diese Weise heilt Liebe. Du liebst den anderen, während er berichtet, was ihn belastet. Du akzeptierst, was er nicht akzeptieren kann. Du akzeptierst, was er fürchtet. Dadurch hilfst du ihm, sich selbst zu akzeptieren. Er kann sich alles anschauen, alles zulassen. Er lässt es zu, indem er es dir erzählt. Seine Unsicherheit, seine Bedenken, seine Gefühle – alles kommt ans Tageslicht. Sein innerer Kampf hört auf. Alles wird ausgesprochen und er lässt es zu. Damit verschwindet die Angst.

Angst ist immer Angst vor einem Gefühl.

Angst kannst du nur innen lösen. Außen ist es nicht möglich. Gehe erst nach innen, söhne dich aus, schaue dir deine Erfahrung an. Danach handele außen, wenn es noch nötig ist. Diese Handlung wird authentisch und wirkungsvoll sein.

Angst muss nicht direkt sichtbar sein. Sie ist ein Meister im Verschleiern. Sie kann in Verhaltensmustern auftreten, die gesellschaftlich hoch angesehen sind. Letztlich sind sogar fast alle Verhaltensweisen, die in der Gesellschaft hoch bewertet werden, aus Angst geboren. Entscheidend ist das wirkliche Motiv, mit dem man handelt. Geschäftlicher Erfolg kann aus Angst entstehen. Möglicherweise handelt ein Unternehmer aus einem tief sitzenden Minderwertigkeitsgefühl heraus. Schon in der Schule trieb ihn Minderwertigkeit zu besonders guten Leistungen. Später im Studium war es ihm unerträglich, nicht zu den Besten zu gehören – weil er die Minderwertigkeit nicht ertrug. Aus diesem Grund musste auch sein Unternehmen erfolgreich werden. Die Angst vor Minderwertigkeit setzt bei ihm riesige Kräfte frei. Er wird mit Sicherheit von den anderen Menschen, die nur die Oberfläche seines Lebens sehen, wegen seines materiellen Erfolges und seines Wohlstandes beneidet werden. Sie werden glauben, er sei ein glücklicher Mensch. Sie erkennen nicht, dass er ein Getriebener ist. Er selbst wird vielleicht spüren, dass innerlich etwas hohl ist. Die Hohlheit kommt daher, dass er dem Kern seines Problems ausweicht: seiner Angst vor Minderwertigkeit. Wenn er sie zulässt, wenn er sich mit ihr aussöhnt, fällt plötzlich der ganze Stress von ihm – er braucht nichts mehr zu tun, um die Minderwertigkeit zu verhindern. Dann wird er sich der Frage stellen müssen, was er statt dessen tun möchte. Wenn er dann seine Firma weiter führt, ist er gezwungen, dies aus Freude zu tun.

Wenn du deine Gefühle annimmst, wenn du deine Angst nutzt, um zu erkennen, wogegen du innerlich ankämpfst, dann bist du gezwungen, aus Freude zu leben.

Die Angst beginnt in der Kindheit

Ein Kind wird geboren. Es kommt in eine Welt von Erwachsenen, die praktisch keine Selbstwahrnehmung besitzen. Was bedeutet dies für das Kind? Was geschieht mit ihm, wenn es bei unbewussten Eltern aufwächst?

Das neugeborene Kind bringt ein reiches und noch unbelastetes Universum von Empfindungen auf die Welt, das mit jedem Tag reicher wird und sich immer weiter ausdehnt. Es besitzt eigene Vorstellungen, entwickelt eigene Sichtweisen, es hat ganz bestimmte Befürchtungen und Vorlieben, die es versucht auszudrücken. So dringend wie Nahrung braucht es eine Umwelt, die in der Lage ist, seine reiche Innenwelt zu spiegeln, ihr Resonanz zu geben und zu signalisieren, dass es wichtig ist, was es empfindet.

Wenn du auf die Erde kommst und ein Gefühl erlebst, ist es ungemein wichtig, jemanden zu finden, mit dem du es teilen kannst. Dafür gehen wir Beziehungen ein. Dies bedeutet, dass das Kind die Eltern nicht nur zum Überleben braucht, sondern auch als emotionale Partner. Hinzu kommt, dass das Kind unsicher ist. Eben war es noch im Nichts, ohne Körper, ohne Sinne, in einem ganz anderen Umfeld, in der Nähe Gottes. Plötzlich steckt es im Körper und betritt die materielle Welt. Dabei passiert ungeheuer viel. Es wird eng, es gelten die Gesetze der Schwerkraft, es gibt eine Unmenge zu verarbeiten. Das Kind begegnet dem Licht, es berührt zum ersten Mal materielle Gegenstände, es erlebt angenehme und unangenehme Nähe zu anderen Menschen. Dies alles sind überwältigende Eindrücke. Nie wieder wird etwas so Beeindruckendes geschehen. Keine Reise, kein Umzug, kein späteres Erlebnis ist mit dem Eintritt in das Leben und mit den ersten Lebenswochen vergleichbar. Darum braucht das Kind vor allem anderen eine emotionale Begleitung. Es braucht das Gefühl: Ich bin wichtig, und es ist wichtig, was ich erlebe. Es braucht Unterstützung, Ermunterung. Es braucht Verbündete, die sich ein Bild davon machen können, was in ihm geschieht.

Aber was geschieht wirklich? Das Kind trifft auf Erwachsene, die ihm wie tot vorkommen müssen. Es trifft auf deren Augen, die fast alles, was in ihm vorgeht, nicht wahrnehmen und nicht spiegeln können. Sie müssen ihm wie blinde Augen erscheinen. Denn die Erwachsenen sind blind dafür, was das Kind erlebt – aus einem ganz einfachen Grund: Weil sie sich selbst nicht wahrnehmen, weil sie den Zugang zu ihren Gefühlen und zu ihrer eigenen Innenwelt verloren haben.

Du kannst nur dann einen anderen Menschen wahrnehmen, wenn du dich selbst wahrnehmen kannst. Du kannst die Gefühle eines anderen nicht spüren, wenn du deine eigenen nicht spürst. Du kannst die Erlebnisse eines anderen nicht schätzen, wenn du deine eigenen nicht schätzt. Wenn du von dir selbst abgeschnitten bist, bist du auch von anderen Menschen abgeschnitten. Du wirst nicht auf sie reagieren können, selbst wenn sie die heftigsten Emotionen zeigen. Ihre feineren, stilleren Empfindungen, werden spurlos an dir vorüberziehen.

Das Kind ist in seiner physischen Existenz abhängig von den Eltern. In kurzen Zeitabständen muss es von ihnen Nahrung bekommen, es muss gekleidet, gewaschen und unterhalten werden. Dies ist die große Raffinesse unseres Lebens. Wir sind die ersten Jahre von Erwachsenen vollständig abhängig. Bei vielen Tieren sind die Jungen von der ersten Minute an selbständig. Aber wir Menschen sind als Neugeborene auf Zuwendung angewiesen. Ohne die Hilfe der Eltern würden wir einfach eingehen.

Das Kind braucht also auf Gedeih und Verderb eine verlässliche emotionale Beziehung zu den Eltern. Da Eltern aber, solange sie ihre eigenen Gefühle nicht wahrnehmen, unfähig sind, diese Beziehung von ihrer Seite her zu schaffen, muss das Kind seinerseits eine Beziehung zu den Eltern knüpfen. Wenn die Eltern nicht in der Lage sind, einen Kontakt auf der Grundlage der Bedürfnisse des Kindes aufzubauen, ist das Kind im Zwang, Kontakt auf der Grundlage der Bedürfnisse der Eltern herzustellen. Es entwickelt eine feine Wahrnehmung dafür, wie es den Eltern geht, wann sie gute Laune haben, wann es mit seinen Wünschen gehört werden wird. Wann sind die Eltern nicht gut drauf, wann sagt es also lieber nichts. Es lernt, seine Aufmerksamkeit nach außen, auf die Eltern zu richten. Dabei verlernt es, seine eigenen Empfindungen und Bedürfnisse ernst zu nehmen und zu erleben. Mit der Zeit nimmt es sie überhaupt nicht mehr wahr. Das Kind wird unwissend über sich selbst, *es wird unbewusst.*

Was die Eltern für das Kind tun könnten, tut das Kind nun für die Eltern: Es achtet darauf, wie *sie* sich fühlen, um sich richtig zu verhalten. Es bekommt eine feine Empfindung dafür, was von *ihm* erwartet wird, es versucht, sich an andere anzupassen, um nicht unbeachtet zu bleiben.

Wenn die Erwachsenen das Kind nicht wertschätzen, kann sich das Kind nicht wertschätzen. Für sein gesamtes weiteres Dasein wird es ihm schwierig sein zu erkennen, dass das Wichtigste in seinem Leben seine *eigene* Erfahrung ist.

Aber nicht nur das. Nicht nur, dass die Erwachsenen das Kind nicht wahrnehmen. Sie verhalten sich wie völlig Desinteressierte. In Wahrheit *fürchten* sie den Reichtum, den das Kind mitbringt. Sie fürchten ihn, denn tief in sich werden sie durch ihren Kontakt mit dem Kind an ihren eigenen Reichtum erinnert, der in ihnen verschüttet ist. Diesen Konflikt ertragen sie nicht und benehmen sich völlig gleichgültig und sogar ablehnend.

Die Palette von Handlungen, Gesten und Zurückweisungen, mit denen Erwachsene Kindern ihr emotionales Desinteresse bekunden, ist schier unerschöpflich. Das beginnt mit der Ablehnung von Tränen. Auf weinende Kinder wird noch viel häufiger mit „Weine nicht!“, oder „Ein Indianer weint nicht.“ reagiert als etwa mit der Frage „Warum weinst du denn?“ oder „Was brauchst du?“.

In der Arbeit mit Klienten erlebe ich, dass zu den häufigsten Formulierungen, die ihnen in ihrer Kindheit gesagt wurden, gehören: „Das tut man nicht!“, „Nimm dich nicht so wichtig!“, „Sage nicht: ‚ich will‘!“, „Du bist egoistisch“, „Du denkst immer nur an dich“. Dies alles sind Aufforderungen, die dem Kind klar machen, dass seine eigene Sicht nicht gefragt ist. Eine Klientin erzählte mir, ihre Mutter habe ihr immer wieder direkt gesagt: „Kindswille ist Dreckswille.“

Ein anderes typisches Beispiel ist die Ermahnung: „Es wird gegessen, was auf den Tisch kommt". Gerade das Essen könnte man nutzen, um einem Kind zu helfen, sich selbst wahrnehmen und schätzen zu lernen. Was möchtest *du* essen und wieviel möchtest du essen? Was schmeckt *dir* und was tut *deinem* Körper gut? Was isst du besonders gerne, und was bereitet dir den größten Genuss. Stattdessen wird von außen vorgegeben, was das Kind zu essen hat. Dadurch wird seine Eigenempfindung zerstört, sie wird regelrecht ‚weggehobelt'.

Etwas ähnliches geschieht, wenn Kinder gezwungen werden, sich zu bedanken. Kinder besitzen eine feine Wahrnehmung dafür, warum Erwachsene etwas tun. Und sie reagieren darauf ganz authentisch – solange man sie lässt. Ein Onkel kommt zu Besuch. Er will mit den Eltern etwas klären, etwa weil es einen Streit gab. Und um sie zu beschwichtigen, bringt er dem Kind ein Geschenk mit. Das Kind spürt ganz genau, dass das Geschenk nicht ehrlich gemeint ist. Es fühlt, dass es benutzt wird. Vielleicht nimmt es das Geschenk an. Aber dann geht es weg, wortlos. Und nun tritt die Situation ein, die millionenfach in unseren Haushalten stattfindet. Die Eltern zitieren das Kind zurück. Sie fordern es auf oder zwingen es sogar, sich bei dem Onkel zu bedanken. Ein ähnliches Beispiel: Es ist Weihnachten, die Großmutter schenkt dem Enkelkind etwas, was dieses sich ganz ausdrücklich gerade nicht gewünscht hatte. Vielleicht hat die Großmutter dem Kind nicht richtig zugehört, vielleicht interessiert sie sich nicht für dessen Wünsche. In dem Geschenk würde sich dann genau dieses Desinteresse der Großmutter ausdrücken. Vielleicht aber gibt es auch einen verborgenen Konflikt zwischen dem Kind und der Großmutter oder sogar zwischen der Großmutter und den Eltern. Dann würde über das Geschenk dieser Konflikt ausgetragen. Wie auch immer – das Kind freut sich nicht. Es ist nicht dankbar für das Geschenk. Es spürt ganz genau, dass in der Familie etwas nicht stimmig ist. Es geht weg, ohne Dank. Und nun, vielleicht um den Hausfrieden und das Familienfest nicht zu gefährden, vielleicht, um dem Kind ‚gutes Benehmen' beizubringen, bedrängen es die Eltern, sich bei der Großmutter zu bedanken. So entstehen Heuchler. Wenn ihr Kinder zwingt, gegen deren Gewissen zu handeln, zerstört ihr deren feine Wahrnehmung. Ihr zerstört ihren Kontakt zur inneren Wahrheit. Etwa bis zum fünften Lebensjahr, selten länger als bis zum siebenten, ist dieser Kontakt vorhanden. Danach ist er in unserer Kultur in der Regel zerstört.

Es ist für ein Kind wichtig zu erkennen, dass es Dankbarkeit gibt. Es ist auch wichtig zu lernen, wie erfüllend es sein kann, Dankbarkeit auszudrücken. Aber zwingt es nicht, gegen sein Gewissen zu handeln.

Erinnere dich daran, dass dir selbst genau dies in deiner Kindheit geschah. Indem du deinem eigenen Kind die Selbstwahrnehmung *lässt* und sie sogar förderst, gibst du dir etwas zurück, das dir immer fehlte. Wenn du deinem Kind die Selbstachtung und Selbstliebe erhältst, erlöst du deine eigene Kindheit. Was du deinem Kind nicht nimmst, machst du dir selbst zum Geschenk.

Geradezu typisch für unsere Erziehung ist das Kinderbuch „Der Struwwelpeter". Seit Generationen wird es Kleinkindern zur ‚Belehrung' und ‚Erziehung' gezeigt. Es enthält furchteinflössende Geschichten illustriert mit gezielt schrecklichen und eindringlichen Bildern. Die Botschaft des Buches ist eindeutig: Dir werden die Finger abgeschnitten, du wirst verbrennen, ertrinken, verhungern, deine Eltern und dein Zuhause verlieren, wenn du nicht das tust, was die Erwachsenen von dir erwarten. Nicht *einmal* wird das Kind in dem Buch ermuntert, seine eigene Sicht auf die Welt ernst zu nehmen oder sogar zu verteidigen.

Den „Struwwelpeter" schrieb 1885 ein Arzt (!) für seinen *dreieinhalbjährigen* Sohn. Er wollte damit, nach eigenem Bekunden, Kindern „frohe Stunden bereiten". Er wollte jemandem frohe Stunden bereiten, indem er ihn ignoriert und demütigt. Hier zeigt sich, wie vollständig die Fähigkeit sich einzufühlen in unserer Kultur verloren gegangen ist. Bis heute zählt dieses Buch bei uns zu den meist benutzten Kinderbüchern.

Unsere Erziehung beruht darauf, Kinder ihre eigenen Gefühle, Bedürfnisse und Visionen *nicht* wahrnehmen zu lassen.

Und so gehen die Gefühle in der Kindheit verloren. Sie werden ignoriert, verstümmelt, denunziert. Erwachsen wird ein emotionaler

Krüppel, der mit dem Rest von Wahrnehmung, der ihm geblieben ist, ein Leben lang versuchen wird, bedeutsam zu sein und Anerkennung zu finden – irgendwie Halt zu finden. Er wird das Leben eines Ertrinkenden führen. Solange Du unbewusst bleibst, wirst Du um Anerkennung, Sicherheit, Macht, Reichtum und Liebe kämpfen.

Für das Unbewusstwerden des Kindes ist es unwesentlich, ob die Eltern im herkömmlichen Sinne ‚gut' oder ‚böse' sind – ob sie das Kind körperlich züchtigen oder nicht. Auch die ‚guten' Eltern drängen das Kind, solange sie keine Selbstwahrnehmung besitzen, in die Isolation und machen es unbewusst.

Schon Sigmund Freud wunderte sich über diese Tatsache. Er nannte die durch die Erwachsenen geprägte Psyche das ÜBER-ICH. Er schreibt über dessen Entstehung: „*Der Elterneinfluss regiert das Kind durch Gewährung von Liebesbeweisen und durch Androhung von Strafen, die dem Kinde den Liebesverlust beweisen und an sich gefürchtet werden müssen. Diese Realangst ist der Vorläufer der späteren Gewissensangst... Erst in weiterer Folge bildet sich die ... Situation aus, ... dass die äußere Abhaltung verinnerlicht wird, dass an die Stelle der Elterninstanz das ÜBER-ICH tritt, welches nun das Ich genau so* ***beobachtet, lenkt und bedroht, wie früher die Eltern*** das Kind.*"[2]

Und wenige Zeilen später wundert er sich darüber, dass er in der Psyche seiner Patienten stets nur die bedrohlichen Anteile der Eltern fand und dass er nie auf die Liebe stieß: „*Das Über-Ich scheint in einseitiger Auswahl nur die Härte und Strenge der Eltern, ihre verbietende und strafende Funktion aufgegriffen zu haben, während deren liebevolle Fürsorge keine Aufnahme und keine Fortsetzung findet...*"[3]

Eltern, die sich selbst nicht wahrnehmen können, können auch ihr Kind nicht wahrnehmen und damit auch nicht lieben. Sie sind liebesunfähig. Freud will nicht erkennen, dass er einfach aus dem Grund in seinen Patienten keine Liebe fand, weil sie nie welche erfahren haben. Er hätte sie sonst gefunden. Er erkennt beispielsweise nicht, dass das,

---

* Hervorhebung von mir

was er als „Liebesbeweis“ bezeichnet, mit Liebe nichts zu tun hat. Wenn du liebst, dann kannst du die Liebe niemandem mehr entziehen. Dann kannst du nicht mehr mit Liebesverlust drohen. Du kannst die Liebe nicht mehr beweisen. Du liebst. Du fließt über, du gibst es als Geschenk, weil du gar nicht mehr anders kannst. Freud kann nicht erkennen, dass der „Liebesbeweis“, von dem er spricht, ebenso eine Manipulation ist wie die „Androhung von Strafen“. Freud wusste nicht, was Liebe ist.

Das Kind ist nicht nur abhängig von den Eltern, es ist auch offen. Es vertraut ihnen. Es nimmt alles für bare Münze, was sie ihm sagen. Wenn die Eltern ihm sagen, es sei ein Christ oder ein Muslim oder ein Jude, wird es das glauben. Wenn die Eltern nicht klar sind, übernimmt es diese Unklarheit in sein Wesen. Wenn die Eltern Dinge tun, die ihm Schmerz bereiten, wird es denken, dass dies so sein muss. Ein Leben lang wird es sich selbst diesen Schmerz zufügen. Und es wird die Schuld bei sich suchen. Wenn etwas schief geht in der Familie, wird es glauben, dafür verantwortlich zu sein. Wenn es von den Eltern keine Zuwendung erhält, wenn es von den Eltern nicht geliebt wird, wird es glauben, dies liege daran, es sei nicht liebenswert.

Eine große Überraschung erleben viele meiner Klienten, wenn sie in geführten Meditationen Kindheitsszenen erinnern und dabei erkennen, was wirklich geschah. Eine etwa 40-jährige Frau erlebte sich als 4-jähriges Mädchen, als sie mit ihren Eltern an der Nordsee im Urlaub war. Sie befand sich mit dem Vater am Strand, die Mutter lag mit einer Migräne im Hotelzimmer. Das Mädchen fühlte sich allein gelassen. Der Vater lag im Sand und las seit Stunden in einem Buch. Sie ging zu ihm und schüttelte sein Knie. Sie wollte, dass er sich mit ihr beschäftigt, dass er sich ihr zuwendet. Er reagierte nicht. Sie schüttelte ihn heftiger. Er schaute kurz auf, lächelte etwas und schob sie dann zur Seite. Sie spürte, wie Trauer und Minderwertigkeit in ihr hochschossen. Und in dem Moment während der Sitzung erkannte sie den Irrtum ihres Lebens. Sie hatte immer geglaubt, sie sei nicht liebenswert. Sie sah jetzt, wie dieser Glaube entstand. Ihr Vater war nicht in der Lage, zu ihr Kontakt aufzunehmen. Er verstand ihre Bedürfnisse nicht, er war nicht liebesfähig. Sie glaubte, es hätte an ihr gelegen, dass sich ihr Vater nicht auf sie einließ. In Wahrheit war er es, der unfähig war, sich einzulassen.

Ein anderer Klient erlebte, wie er als 2 -jähriger Junge im Bett liegt. Die Eltern sind nebenan im Wohnzimmer. Er möchte noch nicht schlafen. Er ruft nach ihnen. Er ruft lange. Dann kommt endlich die Mutti. Er freut sich. Er streckt ihr die Arme entgegen. Aber sie deckt ihn nur zu, sagt ein paar ermahnende Worte, und geht wieder. Das Zudecken ist ein rein mechanischer Vorgang, es wird erledigt. Die Mutter nimmt mit dem Kind keinen Kontakt auf. Sie schaut nicht hin, sie spürt nicht ihre Freude über das Kind, sie beobachtet nicht seine Augen – sie hat das nie gelernt. Sie knüpft keinen Kontakt zu ihm. Sie weiß nicht, wie man ihn herstellt und wie wichtig er für das Kind ist. Für den Jungen ist der kleine Vorgang eine maßlose Enttäuschung. Ausgelöst wird der Gedanke: ich bin es nicht wert, dass sie mit mir Kontakt aufnimmt, dass sie mir zurücklächelt, dass sie sich über mich freut.

Lieber Leser, wenn du den Gedanken kennst, nicht liebenswert zu sein, wenn du den Gedanken kennst, dir stehe etwas Wichtiges nicht zu, wenn du den Gedanken kennst, minderwertig zu sein, dann erkenne, dass deine Eltern liebesunfähig waren. Der Gedanke hätte bei dir nicht entstehen können, wenn deine Eltern liebesfähig gewesen wären. Schau dir die Trauer an, die damit zusammenhängt, schau dir die Minderwertigkeit, schau deine Ohnmacht an, und du wirst wissen, was Freiheit und Lebendigkeit wirklich bedeuten.

Nur sehr wenige Menschen sind in der Lage zu lieben, nur sehr wenige Menschen wissen, was es bedeutet, sich für einen anderen zu interessieren. Unsere Kultur steht vor dem Thema, dies zu erlernen. In unserem kulturellen Erbe ist es nicht verankert. Während ich diese Worte schreibe, gibt mir das Computerprogramm das Wort ‚liebesfähig' unnachgiebig als Fehler an, weil es in seinem Wortschatz nicht einmal vorkommt.

Du bist liebenswert, einfach weil du da bist. Nichts an dir ist falsch, nichts an dir muss verbessert werden. Wenn du glaubst, nicht liebenswert zu sein, dann liegt das daran, dass die, denen du am Anfang deines Lebens vertrautest, liebesunfähig waren. Solange du das nicht durchschaust, wirst du immer nach Liebe suchen. Du verhältst dich dann wie eine gerade geschlüpfte Ente, die dem ersten Lebewesen, welches es nach seiner Geburt erblickt, konsequent hinterherrennt. Bei der Ente hört diese Programmierung auf, wenn sie ausgewachsen ist. Aber du wirst immer der Liebe hinterherrennen, dein ganzes Leben lang, und noch das nächste und noch das nächste – solange du es dir nicht bewusst machst.

In Indien bindet man junge Elefanten, die für die Arbeit dressiert werden, an kleine Bäume, damit sie nicht davonlaufen. Während sie aufwachsen, gewöhnen sie sich daran, so angebunden zu sein. Und dann stehen sie noch als erwachsene machtvolle Tiere festgebunden an kleine Bäume, die sie mit einer einzigen lässigen Körperdrehung entwurzeln könnten. Solange du Liebe suchst, bist du gefangen, wie diese Elefanten. Du kannst deine wahre Kraft, deine Bestimmung nicht entfalten. Du bist gefangen in dem Glauben, dass dir etwas fehlt.

Aber gerade weil du in der Kindheit allein gelassen wurdest, bietet sich dir eine große Chance. Niemand war da, der dich verstehen konnte, weil niemand da war, der sich selbst verstand. Da du denen, die dich allein ließen, völlig vertrautest, sitzt dieser Schmerz so tief wie kein anderer. Später, wenn du bewusst wirst, wirst du tiefer und tiefer in deine Schmerzen vordringen. Ein Schmerz nach dem anderen wird fallen, und du wirst immer freier atmen. Und erst ganz zum Schluss fällt der Schmerz der Kindheit. Ganz am Schluß fallen die Eltern von dir. Denn sie gehen am tiefsten. Zuerst sind es die Freunde und Kollegen, dann die Partner und die eigenen Kinder und am Schluss die Eltern. Sie brachten den Schmerz an die Wurzel deiner Psyche. Die inneren Eltern sitzen an deinen Wurzeln. Deswegen können sie dich an die Wurzel deiner Psyche führen. Wenn du dort angekommen bist, kannst du die Wurzel ausreißen. Dann stehst du an der Tür zur Bewusstheit, zur Freiheit. Das ist die größte Chance, die dir deine Eltern bieten. Über die Verbindung zu Mutter und Vater, dadurch, dass du die materielle Welt nur durch den Bauch der Mutter betreten konntest, dass du mit ihrem Körper und mit ihrer Psyche verschmelzen musstest, sind sie so tief mit dir verschmolzen wie niemand sonst. Die Seele knüpft auf diese Weise Verbindungen, die sie in nichtverkörperter Form niemals knüpfen könnte. Die meisten Menschen brauchen viele Inkarnationen, Dutzende oder sogar Hunderte, um bewusst zu werden und aus dem Bannkreis ihrer wechselnden Eltern heraus zu kommen. Da du so tief von ihnen abhängig warst, konnten sie dich so vollständig unbewusst machen. Deswegen bieten sie dir auch die tiefste Gelegenheit, bewusst zu werden. Die Eltern sind der größte Feind des Kindes und die größte Chance des Erwachsenen.

Es ist bemerkenswert, wie eindeutig Jesus sich in dieser Frage äußert. Er benutzt radikale Worte. Er spricht nicht von Verbundenheit und von Ehrfurcht den Eltern gegenüber. Er spricht vom Schwert:

> *„Ihr sollt nicht wähnen, dass ich gekommen sei, Frieden zu bringen. Ich bin nicht gekommen, Frieden zu bringen, sondern das Schwert. Denn ich bin gekommen, den Sohn zu erregen wider seinen Vater und die Tochter wider ihre Mutter ... Des Menschen Feinde sind seine eigenen Hausgenossen ... Wer Vater und Mutter mehr liebt als mich, der ist mein nicht wert."*[4]

Die in der Kindheit vermisste Liebe erzeugt die lebenslange Jagd nach Liebe. Solange du nach Liebe suchst, solange du überhaupt suchst, verhältst du dich wie ein Bettler. Du bist als König geboren worden. Du bist zum Bettler gemacht worden. Durchschaue, was in der Kindheit geschah, und beende die Suche.

> *„Wer Vater und Mutter mehr liebt als mich, der ist mein nicht wert"*[5].

Solange du darum kämpfst, geliebt zu werden, solange du noch in der Kindheit stecken geblieben bist, wirst du dem Gott in dir, deiner inneren Wahrheit, nicht folgen können.

2. Kapitel

Das zweite Geheimnis der Freiheit (Wahrnehmen)

Dein Leben ist eine Erfahrung

Eines Tages trifft Gott eine wichtige Entscheidung. Er macht einer kleinen Seele ein unerhörtes Angebot[6].

„Ich gebe dir jetzt die Möglichkeit", sagt er zu ihr, „einen beliebigen Aspekt der göttlichen Wahrheit zu erleben. Jeden, den du dir heraussuchst".

„Du meinst, ich habe die Wahl?" fragt die kleine Seele erstaunt.

„Ja," sagt Gott.

„Okay," sagt die kleine Seele, „dann wähle ich Vergebung. Ich will Vergebung erfahren, ich will wissen, was vollkommene Vergebung ist".

„Das ist keine geringe Herausforderung, was du dir da vorgenommen hast," sagt Gott nachdenklich. „Es gibt niemanden, dem man vergeben könnte."

„Keiner, dem zu vergeben wäre?" fragt die kleine Seele etwas ungläubig.

„Keiner," sagt Gott. „Sieh um dich. Alles, was ich geschaffen habe, ist vollkommen und alles ist voller Liebe. So wie du."

„Aber wie soll ich dann Vergebung erfahren" fragt die kleine Seele, „wenn es nichts zu vergeben gibt?".

Mittlerweile haben sich viele andere Seelen eingefunden, weil sie sehen: Gott führt ein hoch interessantes Gespräch mit der kleinen Seele.

Eine dieser Seelen tritt aus der Menge hervor. „Du kannst *mir* vergeben," sagt diese freundliche Seele zu unserer kleinen Seele.

„Wofür kann ich dir vergeben?" fragt die kleine Seele.

„Ich werde in dein nächstes physisches Leben zu dir kommen und dir etwas antun, wofür du mir vergeben kannst."

„Aber was? Was könntest *du* mir antun?" fragt die kleine Seele erstaunt.

„Oh," gibt die freundliche Seele lächelnd zurück, „ich bin sicher, wir können uns da etwas einfallen lassen. Ich werde mit dir gemeinsam in dein nächstes physisches Leben inkarnieren und dir dort das Schlimmste antun, was du dir ausdenken kannst. Du wirst eine Psyche besitzen, du wirst dich vor manchen Dingen fürchten, und manche Dinge wirst du sehr lieben. Wir werden etwas finden, was dir wirklich weh tut".
„Aber warum solltest du so etwas tun? Du bist so vollkommen wie ich, warum würdest du so etwas tun?"
„Ich würde es für dich tun. Du willst erfahren, was Vergebung ist. Ich würde es tun, weil ich dich liebe," sagt die freundliche Seele.
„Ich danke dir," sagt die kleine Seele, die plötzlich den Plan begreift.
„Du musst mir aber im Austausch für meine Tat eines versprechen", sagt die freundliche Seele.
„Was?" fragt die kleine Seele. „Was immer du bittest, ich werde es tun."
„In dem Augenblick, wo ich dich peinige", sagt die freundliche Seele, „in dem Augenblick, wo ich dir das Schlimmste antue, was du dir vorstellen kannst, *sollst du dich daran erinnern, wer ich wirklich bin*". Denn das ist Vergebung.

Dies ist ein sehr tiefes Gleichnis. Die kleine Seele möchte etwas erfahren. Aber sie kann es nicht, weil in der Nähe Gottes die ganze Welt harmonisch ist. Dort gibt es keine Reibungsflächen, keine Verluste, keinen Streit, es herrscht völlige Harmonie. Dort kann sie nichts erleben – und schon gar nicht Vergebung. Das ist unmöglich in einem vollkommenen Universum. Damit man etwas erleben kann, muss die Harmonie gestört sein. Es muss etwas Unerwartetes geschehen, es muss gegen den Strich gebürstet werden. Das bedeutet, dass die kleine Seele an der Vollkommenheit, die sie umgibt, etwas ändern muss. Sie muss diese Vollkommenheit irgendwie verlassen. Am besten, sie schafft sich eine eigene Welt, in der nicht alles vollkommen ist oder in der es zumindest so erscheint, als sei nicht alles vollkommen. Erst erschafft sie sich eine solche Welt und taucht dann in sie hinein. Sie wird als Mensch geboren.

Wir inkarnieren, um Erfahrungen zu machen. Es geht nur um Erfahrungen. Um nichts anderes. Wenn du das durchschaust, dann wird vieles, was hier auf der Erde geschieht, in einem ganz neuen Licht erscheinen. Dann wird beispielsweise sichtbar, dass wir nicht hier sind, um etwas zu lernen. Wir müssen nichts lernen, weil wir bereits alles wissen. Wir haben unser Wissen zwar zum größten Teil bei der Geburt und in den ersten Lebensjahren vergessen, aber tief in uns ist es präsent. Auch unsere kleine Seele, die auf die Erde kommt, um Vergebung zu erleben, weiß in Wahrheit alles. Sie weiß von der Absprache mit der freundlichen Seele. Sie weiß, dass ihr etwas Schmerzhaftes geschehen wird, sie weiß sogar schon, dass es Vergebung gibt. Sie weiß alles, aber sie will Vergebung wirklich erfahren – darum inkarniert sie.

Aus diesem Grunde muss sie sich auch nicht vervollkommnen, denn es geht nicht um Vollkommenheit. Sie ist schon vollkommen. Viele Menschen glauben, sie müssen besser werden, ihnen fehlt etwas Wichtiges und sie sind auf die Erde gekommen, um sich zu entwickeln. Ständig bemühen sie sich und vergessen dabei zu leben. Gott stellt an dich nicht die Forderung, besser zu werden. Für ihn bist du vollkommen. Besser zu werden verlangen von dir immer nur Menschen, weil sie Einfluss auf dich erlangen wollen, weil sie deine Unabhängigkeit fürchten. Schon in der Kindheit wurde an dir herummanipuliert. Du wurdest erzogen für die Bedürfnisse der Erwachsenen. Später reden dir deine Familie, deine Partner, die Werbeindustrie, die Politiker, deine Chefs und alle möglichen Menschen ein, an dir sei etwas falsch. Sogar die Psychotherapeuten sagen dir, dass du dich verändern sollst. Sie wollen in dir etwas „auflösen", etwas „umprogrammieren" und sie sagen, dass es dir dann besser gehen wird. In Wahrheit bist du immer vollkommen. Du bist göttlich – von der ersten Minute deines Lebens an bis zur letzten. Ebenso wie die kleine und die freundliche Seele göttlich sind. Wir waren immer göttlich und wir werden es immer sein - auch wenn wir dieses Wissen für eine bestimmte Zeit verlieren. Dass wir es aus dem Bewusstsein verlieren ändert an der Tatsache gar nichts.

Es wäre aus Sicht der kleinen Seele sogar vollkommen schizophren, wollte sie erst besser werden, bevor sie sich auf Vergebung einlässt. Sie trennte sich ja gerade von der Vollkommenheit und ließ sich auf eine scheinbar unvollkommene Welt ein. Das war ihr Plan. So wählte sie ganz bestimmte charakterliche Schwächen und Stärken, die es ihr ermöglichten, auf besonders tiefe Weise Vergebung zu erfahren. Sie wählte genau die ‚Unvollkommenheiten', die für ihre Erfahrung nötig sind. Sie würde sich selbst sabotieren, würde sie diese Wahl wieder in Frage stellen. Immer, wenn du versuchst, vollkommener zu sein, handelst du schizophren.

Ebenso müssen wir nicht lieben lernen, wie oft behauptet wird. Denn wir bestehen aus purer Liebe. Alles was du tust und was du erlebst, auch das, was du selbst verurteilst und womit du haderst, ist Ausdruck von Liebe, ist Ausdruck einer tiefen Wahrheit. Dein ganzes Dasein, ohne jede Ausnahme, ist Ausdruck einer tiefen Wahrheit. Du bestehst vollkommen aus Liebe. Wenn du dich darum bemühst, liebevoller zu sein oder wenn du nach Liebe suchst, behinderst du dich selbst. Dann verleugnest du dein wahres Wesen, weil du so tust, als müsstest du erst finden, was du längst besitzt. Dann handelst du so, als wärest du etwas anderes als Liebe.

Wenn du erkennst, dass es um Erfahrungen geht, fällt das alles von dir ab, dass du etwas an dir verbessern, dass du vollkommener werden musst oder dass es überhaupt irgend ein Ziel gibt, welches du erreichen sollst. Dann fällt auch von dir, dass du irgend etwas an dir oder an der Außenwelt ablehnen oder bewerten musst. Wenn du dich auf die Erfahrungen konzentrierst, die du machst, wirst du aufhören, über die Welt zu richten. Du wirst aufhören, etwas gut oder schlecht zu finden. Denn solange du wertest, kannst du keine Erfahrungen machen. Solange du darin gefangen bist, etwas gut oder schlecht zu finden, weichst du deinem Leben aus.

Dies ist die zweite Botschaft unserer Geschichte von der kleinen Seele: Wir können keine Erfahrungen machen, solange wir die Welt moralisch sehen. Die beiden Seelen wären gar nicht in der Lage, ihre Verabredung einzuhalten, wenn sie ihre Handlungen gegenseitig verurteilen würden. Die freundliche Seele wird der kleinen Seele während ihrer gemeinsamen Inkarnation etwas wirklich Schmerzhaftes antun. Mit Sicherheit wird es etwas sein, was nach menschlichen Maßstäben ‚verwerflich' und ‚unmoralisch' ist. Vielleicht wird sie der kleinen Seele ein Familienglück zerstören, vielleicht wird sie sie in einer entscheidenden

Situation verraten, vielleicht wird sie der kleinen Seele einen geliebten Menschen töten, vielleicht wird sie sie sexuell missbrauchen. Es wird auf jeden Fall etwas wirklich Schmerzhaftes sein, sonst gäbe es für die kleine Seele nichts zu vergeben. Die kleine Seele wird am Anfang, in ihrem Schmerz, empört sein darüber, was ihr geschieht. Sie wird sich wehren, sie wird toben, sie wird sich wahrscheinlich rächen wollen, sie wird die andere Seele verurteilen. Aber solange sie in dieser Haltung verharrt, solange sie kämpft – solange wird sie nicht erkennen können, worum es für sie wirklich geht. Erst wenn sie aufhört zu werten, erst wenn sie akzeptiert, was geschieht, wird sie die angestrebte Erfahrung machen können, dann wird sie vergeben. Sie wird innehalten, wird die Gefühle zulassen, die hinter ihrem Schmerz liegen, sie wird den Blick von der anderen Seele abwenden, in sich selbst schauen und erkennen, was sie wirklich erfährt. Dann wird sie vergeben. Vergebung tritt ein, wenn die Wertung endet. Du vergibst dir, du vergibst der Welt, du vergibst anderen Menschen, wenn du nicht mehr wertest, wenn du zulässt. Aus diesem Grund bat die freundliche Seele die kleine Seele um diese Gegenleistung: „Wenn ich es dir antue, erkenne, wer ich wirklich bin." Dann musst du nicht den Umweg über die Moral gehen. Dann musst du mich nicht verurteilen. Dann wirst du automatisch Vergebung erfahren.

Erst wenn du die Brille der Moral absetzt, kannst du erkennen, worum es für dich geht. Wenn die Wertung aufhört, beginnt die Erfahrung.

Dabei ist es entscheidend, dass du den Erfahrungen deines Lebens nicht durch Nachdenken beikommen kannst. Durch Nachdenken verhinderst du Erfahrungen. Auf Erfahrungen kannst du dich nur *einlassen*, du musst sie durchleben und dabei deinen Kopf heraushalten. Etwas zu durchleben ist etwas grundsätzlich anderes, als es zu wissen. Man kann die Zusammensetzung des Meerwassers vollständig analysieren, man kann sogar berechnen, wie die Wellen entstehen und wie sie sich bewegen. Aber etwas völlig anderes ist es, ins Meer zu springen und darin zu schwimmen. Eine Reise in ein fremdes Land vorzubereiten ist, wie wir gesehen hatten, etwas völlig anderes, als wirklich dort zu sein. Es ist ein Unterschied, ob man einen Wanderweg auf einer Karte sieht oder ob man ihn wirklich geht. Es ist ein Unterschied, ob man ein Unternehmen plant, seine Entwicklung und seine zukünftigen Umsätze berechnet, oder ob man es wirklich aufbaut. Es ist ein Unterschied, ob man eine Partitur liest oder in einem Konzert sitzt und sich der Musik hingibt. Es ist der Unterschied, in den das ganze Leben passt.

Die Sufis sagen: Wer kostet, weiß. Du musst kosten. Du musst das Leben wirklich kosten. Du musst ganz in deinem Körper ankommen, dich ihm ganz hingeben. Mit ihm das Leben aufnehmen, es aufsaugen. Und du musst dabei deinen Kopf raushalten. Dann wirst du wissen.

Der Schritt vom Wissen zur Erfahrung ist der Schritt, bei dem das Leben entsteht. Deine täglichen Erfahrungen, die großen und die kleinen, die schönen und die schmerzvollen, die heftigen und die ganz stillen, sind der wirkliche Reichtum deines Daseins. Um sie geht es. Für sie bist du inkarniert. Deine Erfahrungen sind das Gefäß, in das Gott sein Wissen gießt.

Warum man Angst ohne Wiedergeburt nicht wirklich verstehen kann

Stell dir unser Universum als eine riesige Ansammlung aller denkbaren Töne, als einen Ozean von Tönen vor. In diesem Ozean sind alle Töne vorhanden, alle vorstellbaren Töne. Aber sie liegen brach, sie sind nur da, ohne Struktur, ohne Verbindung, ohne Schönheit, ohne ‚Sinn'. Um dieses Potenzial zu nutzen, um aus allen diesen Tönen, aus diesem unermesslichen, zusammenhangslosen Reichtum auch nur die kleinste Melodie formen zu können, braucht man wenigstens ein Instrument, wenigstens eine Geige oder eine kleine Flöte. Sie muss geschnitzt und gestimmt werden, und dann kann man damit Melodien und ganze Lieder erschaffen und spielen und sich an den Tönen erfreuen. Durch das Instrument wird der Ozean von Tönen erfahrbar und begreifbar.
Die Geige und die Flöte besitzen einen Körper – einen Resonanzkörper. Wenn du etwas ins Schwingen bringen möchtest, brauchst du einen Körper. Unsere Seelen, die das Dasein zum Schwingen bringen wollen, erschaffen sich unsere Körper. Unsere Körper sind die Instrumente, auf denen das Universum spielt. Sie sind die Resonanzkörper für Erfahrungen, für die Melodien, die das Leben erzeugt. Die Seele schafft sich Körper mit genau den Eigenschaften, die sie für die angestrebten Erlebnisse braucht. Mit den Stärken und Schwächen, mit dem genetischen Material, einem Geburtshoroskop und den Krankheiten, die für ihren Plan am besten geeignet sind. Auch inkarniert sie in soziale Umstände, die ein solches psychisches Muster schaffen werden, die die Erfahrungen begünstigen.

Um eine Melodie in dir aufzunehmen, musst du dem Instrument zuhören. Du musst dich ihm zuwenden. Du musst dich auf die Geige, die Flöte oder das ganze Orchester einlassen. Du musst mit dem Klang verschmelzen. Du musst still werden und dich hingeben. Du musst der Musik die Chance geben, etwas mit dir zu machen.

Um die Melodie deines Lebens wahrzunehmen, musst du dich auf das Instrument deiner Seele einschwingen. Du musst dich auf deinen

Körper einlassen, du musst ihm zuhören lernen. Du musst lernen, in ihn hinein zu spüren. Du musst lernen, ihn wahrzunehmen. Du musst ihm die Chance geben, etwas mit dir zu machen.

Du wirst dabei lernen, dass du mit deinen Sinnen nicht nur nach außen, in die Umwelt, wahrnehmen kannst. Du wirst lernen, dass du deine Sinne umdrehen und nach innen richten kannst. Gegen die Vielfalt, die dir dort begegnen wird, erscheint die äußere Welt wie ein Almosen. Dir wird ein so großer Reichtum begegnen, dir wird das Dasein in einer solchen Fülle entgegenkommen, dass du dich wundern wirst, wie du es bisher übersehen konntest. Gleichzeitig wirst du erleben, wie dein Körper zu dir spricht, dass er dir in fast allen Situationen einen Rat geben kann, der direkt von Gott kommt. Aber die meisten Menschen wissen nicht einmal, dass sie überhaupt nach innen wahrnehmen können. Sie nehmen ihren Körper nicht wahr. Sie nehmen die Erfahrungen nicht wahr, die das Dasein ihnen präsentiert. Würden sie am Ende ihres Lebens alle Momente zusammenzählen, in denen sie wirklich bei sich waren, kämen nur wenige Minuten heraus. Von fünf, sechs oder sieben Jahrzehnten – nur wenige Minuten. Sie kämpften um Geld, um eine Stellung in der Gesellschaft, um Sicherheiten, um Ruhm, um Anerkennung. Ihr Leben war eine ständige Bemühung. Sie waren nie wirklich still. Ihre Seelen schufen sich diesen Körper, dieses feine Instrument, dieses raffinierte, machtvolle, weise Instrument. Ein ganzes Leben lang steht es ihnen zur Verfügung, aber sie hören ihm nie zu.

Mit dem ersten Atemzug begann der Kampf ums Überleben. Vom ersten Atemzug an entstand das Gefühl eines Mangels. Deine Eltern waren nicht in der Lage, dir dieses Gefühl zu nehmen. Weil es in den ersten Lebensjahren entstanden ist, in der Zeit, als du noch vollkommen offen warst und die du zugleich vergessen hast, ist der Mangel so tief in dich eingegraben, so vollständig mit dir verbunden, dass du ihn später nicht mehr bemerkst. Dein ganzes Leben wird zu einem Kampf, um diesen imaginären Mangel auszugleichen. Du wirst sehr aufmerksam, sehr sensibel werden müssen, um das überhaupt zu bemerken. Bewusst erlebst du diesen inneren Kampf als Sorge, als Bedürfnis nach Sicherheiten und als Streben nach mehr – mehr Geld, mehr Macht, mehr Anerkennung, mehr Liebe.

Aber solange du kämpfst, solange du etwas erreichen willst, bleibst du blind für die Wahrheiten deines Lebens, für das, was du erfährst, für das, was dich erfüllen würde und was dir wirklich entspräche. Du nimmst eine Arbeit an, weil du glaubst, Geld verdienen zu müssen. Du stehst jeden Morgen früh auf und zwingst dich zu etwas, was dir eigentlich keinen Spaß macht. Dies geht tagein und tagaus so. Es kostet dich unendlich viel Energie. Deswegen sehnst du dich nach Urlaub. Der Urlaub ist die schönste Zeit des Jahres. Die Deutschen haben sich in harten Kämpfen die längsten Urlaubszeiten der Welt erfochten – weil sie sich während ihrer Arbeit am meisten vergewaltigen.

Du baust ein Unternehmen auf. Du wirst sehr erfolgreich. Du wirst bewundert und beneidet. Du kannst dir mit deinem vielen Geld viel leisten. Mehr als die meisten anderen sich leisten können. Aber du spürst, dass etwas Wesentliches fehlt. Du spürst, das Wichtigste fehlt. Du spürst, dass dich irgend etwas treibt zu deinem Erfolg.

Du suchst dir einen Mann oder eine Frau, weil du nicht allein sein oder weil du dich sicher fühlen möchtest. Da du seit Ewigkeiten ein Bedürftiger bist, hältst du an der Beziehung fest, auch wenn sie nicht mehr funktioniert. Ebenso, wie du eine Arbeit verrichtest, die dich innerlich kalt lässt und die dich nicht berührt. Oder du lässt dich erst gar nicht auf eine Beziehung ein, weil du fürchtest verletzt zu werden, wenn sie wieder endet. Du triffst beständig Entscheidungen in dem Gefühl des Mangels.

Erst wenn du das durchschaust, wenn du aufhörst zu handeln als wärst du ein Ertrinkender, wirst du den Blick frei bekommen für das, worum es für dich wirklich geht. Deshalb sagt Jesus: höre auf dich zu sorgen. Tritt einfach aus dem Kreis heraus. Erkenne, dass du das Leben als einen Kampf ums Überleben führst. Tritt einfach da heraus, und dann du wirst etwas sehr Wichtiges sehen: Du wirst das Leben sehen. Du wirst erkennen, warum du geboren wurdest, was du erlebst, was du erfährst.

Hier kommt die Angst ins Spiel. Damit du an Deine *innere* Wahrheit er*innert* bleibst, damit du nicht vergisst, dass es etwas gibt, was mehr ist als die Sorge um das Überleben und als der Kampf um Sicherheit, ist in die Menschen ein Mechanismus eingebaut. In unserer psychischen und genetischen Struktur ist etwas vorhanden, das uns unerbittlich mahnt, wenn wir uns nicht auf unsere Lebensthemen einlassen, wenn wir der Erfahrung unseres Lebens ausweichen. Dieser Mechanismus ist die Angst.

Die Angst ist das, was dich daran erinnert, wenn du deinen inneren Wahrheiten ausweichst. Wir hatten dies als das erste Geheimnis der Freiheit bezeichnet:

Jede Angst ist Angst vor einem Gefühl.

Jede Angst ist Angst vor einer Erfahrung. Deine Gefühle und Empfindungen sind die Botschafter deiner Erfahrungen. Wenn du ihnen ausweichst, weichst du deinen Erfahrungen aus. Jede Angst ist die Furcht vor Erfahrungen. Es ist ein direkter Zusammenhang - wie eine mathematische Gleichung: Angst = nicht wahrgenommene Erfahrung. Wie eine mathematische Gleichung lässt sie sich umdrehen: Nicht wahrgenommene Erfahrung = Angst. Aber anders als in der Mathematik ändert sich durch diese Vertauschung die Aussage. Sie erhält eine Erweiterung, eine ganz neue Dimension:

Ein Gefühl, das du nicht wahrnimmst, erlebst du als Angst.
Eine Erfahrung, die du nicht wahrnimmst, erlebst du als Angst.

Wenn du dich nicht darauf einlässt, was du erlebst, wenn du innerlich dem ausweichst, was das Leben mit dir macht, wenn du deinem Körper nicht zuhören möchtest, wenn du nicht hinsehen, nicht hinspüren möchtest, dann erlebst du das als Angst.

Weil sich die Menschen auf die Erfahrungen ihres Lebens nicht einlassen, gibt es in unserer Welt so viel Angst.

Der Ehemann, der sich einsam fühlt, wenn seine schöne Frau sich nach anderen Männern umsieht, und der sich auf diese Einsamkeit nicht einlassen will, erlebt dies als Eifersucht. Der Unternehmer, der sich auf die Empfindung von Minderwertigkeit nicht einlassen will, wenn ihm ein Projekt misslingt, erlebt dies als eine ständige Furcht vor dem Versagen. Der Künstler, der die Ohnmacht fürchtet, wenn er sein Publikum nicht erreichen kann, erlebt dies als ständigen Kampf um Ruhm, um Anerkennung und um die Liebe des Publikums. Er bemüht sich, als ein großer Künstler zu gelten, statt ein authentischer und gebender Künstler zu sein.

Wenn du durchschaust, dass deine Ängste dich auf verleugnete Erfahrungen hinweisen, wird in deinem Leben eine tief greifende Veränderung geschehen. Dir wird das, was du bisher fürchtetest, was dich quälte, was dich unter Druck setzte, als etwas völlig Anderes entgegen treten. Bisher schienen dich deine Schmerzen zufällig heimzusuchen. Sie schienen eine äußere Ursache zu haben: einen anderen Menschen, einen Lebensumstand. Und sie waren etwas, was dich störte, was deine Zufriedenheit oder dein Glück trübte.

Dann aber weißt du, dass deine Ängste zutiefst mit dir verbunden sind, dass sie erst mit deinen inneren Entscheidungen entstehen und dass sie dich hinweisen auf Dinge, die dich zutiefst erfüllen würden.

Bisher suchtest du Freude und miedest Angst. Das war die völlig falsche Strategie. Deine Angst zeigt dir, wo das Leben für dich die wirklichen Geheimnisse parat hält. Deine Angst ist wie ein Ariadne-Faden, der dein inneres Labyrinth entwirrt. Sie ist wie ein Pfadfinder, der dich zu deinen Wahrheiten, zu deinen Quellen führt. Dabei geschieht diese Transformation: das was du bisher gefürchtet hast, wird zum Helfer. Was dir bisher das Leben vergällte, was dich unter Druck setzte, was den Himmel dunkel machte, wird zur Quelle für Kraft, für Licht, für Lebendigkeit. Was dein Feind war, wird zum Freund. Das meinte Jesus, als er sagte: Liebe deinen Feind. Er meinte nicht, dass du dich jedem, der dir etwas Schlechtes will, ausliefern sollst. In einer solchen Haltung liegt nichts Spirituelles. Sie kann sogar sehr töricht sein. Er meinte nicht den äußeren Feind. Er meinte den Blick nach innen: Liebe das, was dich wirklich, was dich innen bedroht. Söhne dich mit dem aus, was dir Angst macht. Dann kannst du nicht mehr so weiterleben wie bisher. Dann musst du bewusst werden. Wenn du dich innen aussöhnst, musst du deine Gefühle wahrnehmen, dann musst du annehmen, was du erfährst. Dann begegnest du dem Leben, dann wirst du lebendig.

Wenn du eifersüchtig bist, erkenne die Minderwertigkeit, die Ohnmacht oder die Einsamkeit, die dahinter liegen, und söhne dich mit ihnen aus. Wenn du Angst hast vor dem Versagen, söhne dich mit der Minderwertigkeit, der Ohnmacht oder der Einsamkeit aus, die dich bedrängen. Wenn du andere Menschen nicht erreichen kannst, söhne dich mit der Minderwertigkeit, der Ohnmacht oder der Einsamkeit aus, die dich dabei bedrohen. Schau dir die Gefühle an, die sich hinter dem verbergen, was dir Druck macht. Verlasse die Ebene des Druckes und komme auf der Ebene deiner emotionalen Wahrheiten an. Dann wirst du nicht nur frei sein. Dann wirst du nicht nur die Angst verlieren. Dir wird das, was dich bisher bedrohte und bedrückte, als Kraft zur Verfügung stehen. Eben warst du noch bedroht, jetzt fühlst du dich mit dem Leben verbunden. Immer wenn du dich bedroht fühlst, will dich in Wahrheit das Leben berühren.

Khalil Gibran sagte*: Eure Freude ist euer Leid ohne Maske.*[7] Wenn du der Angst die Maske herunterreißt, wenn du dahinter, darunter schaust, entdeckst du Freude. Hinter der Angst steckt das Leben. Schau darunter, lass Licht hinein, und die Angst wird das Gegenteil dessen sein, was sie schien. Es ist wie mit einem Fotonegativ. Als Negativ ist es falsch, vertauscht, verzerrt. Aber wenn du es benutzt, um zur Wirklichkeit vorzudringen, wenn du es benutzt, um zu belichten, erscheint die Realität klar, intensiv und wahr.

Aber nicht nur, dass dich Deine Angst auf nicht zugelassene Erfahrungen hinweist. Sie zeigt dir nicht schlechthin, dass du hier und da etwas Wichtiges versäumst. Sie zeigt dir das Entscheidende, sie zeigt dir DIE Erfahrungen. Sie ist nicht irgendein Wegweiser, sie ist DER Wegweiser.

Denn die Seele, die inkarniert und dabei Erfahrungen anstrebt, nutzt eine Möglichkeit, die sich ihr nur in der materiellen Welt bietet. Sie geht zuerst in den *Gegenpol* der angestrebten Erfahrung. Sie beginnt ein Leben unter Bedingungen, die genau das *Gegenteil* der gewünschten Situation erzeugen.

Wenn sie Erfahrungen mit Freiheit und Unabhängigkeit anstrebt, beginnt sie etwa das Leben als Junge in einer Familie, in der ihm Freiheit genommen wird. Sie könnte sich eine Mutter wählen, die eine ‚Glucke' ist, die dem Sohn eine große Geborgenheit geben aber ihn zugleich bevormunden wird. Der Junge wird die Nestwärme genießen. Die Welt außerhalb dieses Schutzes wird ihm fremd und gefahrvoll erscheinen. Aber mit jedem Jahr wächst in ihm ein Zwiespalt. Je älter er wird, um so mehr wird er hinaus wollen. Raus aus der Geborgenheit, hinein ins Abenteuer, ins Unbekannte. Er bekämpft noch diese Neigungen, er unterdrückt sie, er misstraut der weiteren Welt, er liebt die Sicherheit, die er immer hatte. Zugleich wird die Mutter mit ihren besitzergreifenden Verhaltensmustern die Entscheidungsfreudigkeit ihres Sprösslings hemmen. Schon seine vorsichtigen Versuche, sich selbständig zu machen und sich an anderen Menschen zu orientieren, werden bei ihr Ängste auslösen. Sie wird Druck auf ihn ausüben. Das Kind wird die Ursache des Druckes wahrscheinlich zunächst nicht erkennen können. Es wird nicht so ohne weiteres erkennen, dass in ihm ein Konflikt zwischen den Ansprüchen auf Autonomie und der Sicherheit einer beschützenden Umgebung stattfindet. Ebenfalls wird es nicht erkennen können, dass die Mutter in diesem Konflikt nicht hilfreich ist. Vielleicht wird es Magenkrämpfe bekommen oder ‚bockig' werden, oder seine Gesundheit wird geschwächt. So kreiert er sich ein Thema, eine Struktur, die ihn ein Leben lang beschäftigen werden. Wenn er es mit dem Erwachsenwerden nicht schafft, sich aus der Geborgenheit zu lösen, werden ihm immer neue ‚Glucken' begegnen. Seine Chefs werden ‚Glucken' sein, seine Partner, seine Freunde. Ständig wird er auf Menschen treffen, die ihn bevormunden und beschützen wollen. Der Druck wird weiter wachsen, sich später vielleicht somatisieren und in Form eines Asthmas oder in Form von Bandscheibenvorfällen in sein Leben treten. Bis er sich dem Thema stellt. Bis er erkennt, dass der Konflikt zwischen Geborgenheit und Selbständigkeit, zwischen Schutz und Alleinsein sein bisheriges Leben prägte. Bis er die Gefühle und Erlebnisse, die damit zusammenhängen, wahrzunehmen beginnt. Bis er die Angst durchschaut, die ihm der Gedanke an Selbständigkeit und Unabhängigkeit bereitet. Dann wird er erkennen, *dass er gerade damit seine tiefsten Erfahrungen macht.* Dass ihm gerade in dem Spannungsfeld zwischen Sicherheit und Freiheit das Leben am intensivsten begegnet. Er wird vor diesem Hintergrund, vor dem Hintergrund seiner Kindheitsgeschichte und der tiefen Geborgenheit, die er kennt, und vor dem Hintergrund seines Misstrauens vor dem Neuen – er wird genau vor diesem Hintergrund die Freiheit besonders intensiv genießen können. Er wird ein Wissender über Freiheit und Unabhängigkeit werden.

Wenn eine Seele Erfahrungen mit Macht anstrebt, wenn sie mit einer machtvollen Energie zur Welt kommt, wäre es zum Beispiel günstig, sich einen Vater zu wählen, der die Macht des Kindes radikal bricht. Er könnte dies tun, indem er das Kind wiederholt öffentlich als Versager bloßstellt. Auf diese Weise hält die Ohnmacht Einzug in das Leben des Kindes. Sie wird verbunden sein mit einer großen Traurigkeit, von seinem Vater nicht verstanden und nicht respektiert worden zu sein. Beide Gefühle werden im Unterbewusstsein des Kindes versinken. Beide Gefühle wird es fürchten, weil sie an die Demütigungen und die Enttäuschung in der Kindheit erinnern. Noch als Erwachsener werden ihm alle Ereignisse suspekt erscheinen, die diese Ohnmacht zum Schwingen bringen. Er wird mit autoritären Chefs nicht klarkommen. Als Jugendlicher wird er sich vielleicht an Straßenschlachten beteiligen und die etablierte Macht bekämpfen wollen. Er wehrt sich damit gegen sein Lebensthema. Auf allen Ebenen seines Lebens wird er dies als Mangel erfahren: in Beziehungen, im Beruf, in der Gesundheit. Der Druck auf ihn wird ansteigen, bis er sich bewusst macht, worum es für ihn wirklich geht. Bis er sich an die Ohnmacht erinnert und lernt, sie zu akzeptieren. Von da an wird er auch machtvoll sein können. Er wird erkennen, dass der Vater mit seinem Verhalten die Polarität Ohnmacht-Macht erzeugte und dass er sehr erfüllt lebt, wenn er sich auf diese Polarität bewusst einlässt.

Du hast Angst vor dem, was dich am meisten erfüllen würde. Dein Lebensthema ist das, was du am tiefsten fürchtest und was dich am meisten erfüllen würde.

Alles, was existiert, besitzt ein Gegenteil. Zu jedem Zustand, den die Seele kennenlernt, gibt es immer einen Gegenpol, dem der Mensch nicht ausweichen kann. Hell-Dunkel, Satt-Hungrig, Nähe-Einsamkeit, Macht-Ohnmacht, Schaffen-Zerstören, Liebe-Angst, Gesundheit-Krankheit. Wir haben, einmal im Körper angekommen, keine andere Wahl mehr, als in solchen Gegensätzen wahrzunehmen. Diese Polarität nutzt die Seele gezielt, um Erfahrungen zu kreieren. Da beide Pole nur gemeinsam existieren können, genügt es, einen Pol zu erzeugen. Der andere Pol ist dann automatisch da. Wenn sie Macht erfahren möchte, schafft sie Ohnmacht, wenn sie Nähe erfahren möchte, schafft sie Isolation, wenn sie Kraft erfahren möchte, schafft sie Schwäche. Die Seele ist raffiniert. Sie erzeugt zuerst den Pol, den du fürchtest. Dazu benutzt sie deine Eltern. Diese erzeugen mit ihrem Unverständnis in dir die Gefühle, die du fürchten wirst. Dann bist du an diese Gefühle gefesselt. Solange du sie fürchtest, bist du an sie gefesselt. Du kannst sie nicht transformieren, solange du sie dir nicht bewusst machst. So wirst du gezwungen, dich auf deine Erfahrungen einzulassen. Wenn du ihnen ausweichst, werden sie immer wieder in dein Leben treten. Deswegen erleben viele immerzu das Gleiche. Sie können ihre Partner wechseln, so oft sie wollen, sie erleben bei jedem Partner die gleichen Konflikte. Sie können ihre Arbeitsstellen, sie können das Land wechseln, in dem sie wohnen, so oft sie mögen, sie tragen ihre Konflikte in sich. Du kannst das, was du fürchtest, nur überwinden, indem du dich darauf einlässt. Du musst die Erfahrung, die Gefühle, die damit verbunden sind, zulassen. So lange du es nicht tust, so lange werden sie als Angst in dir präsent bleiben.

Aber wenn du dich auf deine Ängste einlässt, wenn du sie nicht mehr meidest, wenn du hinschaust und unter, hinter sie blickst, dann begegnet du deiner Wahrheit. Dies nenne ich

<u>das zweite Geheimnis der Freiheit:</u>

> **Hinter deiner Angst verbirgt sich das, was dir am meisten Freude bereiten würde, was dich am meisten erfüllen würde.**

Dein Lebensthema ist das, was du am meisten fürchtest und was dich, würdest du es bewusst leben, würdest du dich darauf einlassen, am tiefsten mit dir selbst und mit deinem Dasein verbindete.

Würde die sich ständig um andere Menschen sorgende Frau ihre Schuldgefühle hinter ihrer Sorge zulassen, dann könnte sie etwas Wesentliches erkennen: Ihre Sorge ist in Wahrheit nur der äußerlich sichtbare Ausdruck einer tiefen Fähigkeit, sich in die Bedürfnisse und Empfindungen anderer Menschen einzufühlen. Würde sie sich auf diese Fähigkeit einlassen, würde ihr dauerndes Sichsorgen aus ihrem Leben verschwinden. Und nicht nur das. Was ihr vorher Sorgen bereitete, würde dann zur Quelle von Verbundenheit, Nähe und Kraft werden. Ähnliches geschähe mit dem Unternehmer, der den Erfolg sucht aus Angst vor dem Scheitern. Würde er das Gefühl der Hilflosigkeit zulassen, das ihn befällt, wenn er glaubt zu versagen, würde er erkennen, dass er gerade im Wechsel zwischen Erfolg und Hilflosigkeit seinen Beruf als erfüllend erlebt. Und dass genau aus dem authentischen Umgang mit *beiden* Erfahrungen seine Führungskompetenz entsteht. Der Sänger, der die Ohnmacht fürchtet, in die er fiele, wenn er seine Zuhörer emotional nicht erreicht, könnte erkennen: Gerade in der Fähigkeit, sich auf diese Ohnmacht einzulassen, liegt die Fähigkeit begründet, sich den Zuhörern wirklich mitzuteilen und sie im Innersten zu berühren, anstatt sie lediglich zu faszinieren.

> **Hinter deiner Angst verbirgt sich das, was dich am meisten erfüllt.**

Aber deine Seele zwingt dich nicht nur, dich über deine Ängste auf deine wesentlichen Erfahrungen einzulassen. Sie nutzt damit zugleich einen bemerkenswerten Zusammenhang: Das Leben begegnet dir am kraftvollsten, wo du es fürchtest. Durch das, was du fürchtest, wird deine Erfahrung intensiv. Wenn du tust, was du eigentlich meiden möchtest, wirst du wirklich berührt.

Eine Liebe erfährst du am intensivsten im Moment der Trennung. Gerade der Schmerz zeigt dir, wie tief du verbunden bist. Macht erlebst du über die Ohnmacht. Wenn du gütig wirst, dann nur, weil du die

Bosheit kennst. Wenn du genau hinschaust, weißt du im Moment der Bosheit so tief wie nie, was es heißt, gütig zu sein.

Lady Di, Prinzessin Diana, machte in ihrem kurzen Leben eine tiefe Erfahrung mit Verletzlichkeit. Sie war eine sehr sensible Frau mit einer ausgeprägten Individualität. Sie heiratete Prinz Charles und geriet dadurch in den Einflussbereich des britischen Hofes, wo genau dies, ihre individuellen Ansprüche, nicht erwünscht waren. Man wollte sie in der Rolle einer Prinzessin sehen. Sie musste sich der Etikette unterordnen, sie musste wie eine Marionette repräsentieren, sie wurde auf entwürdigende Weise durch die Presse geschleift, sie hatte einen Mann, der ihr bei allen diesen Konflikten kein wirklicher Beistand war. So entstanden ideale Voraussetzungen, um Verletzlichkeit zu erforschen. Verschärft wurde ihre Situation dadurch, dass sie in der Öffentlichkeit stand, und alle ihre Entscheidungen, auch ihre ganz privaten, offen in den Medien debattiert wurden. Zunächst schien sie sich den Umständen unterzuordnen. Sie versuchte sich anzupassen, die Rolle einer Frau des Kronprinzen auszufüllen und sich selbst zu verleugnen. Sie schien zu verkümmern. Dann ging sie in die Offensive. Sie gab zum Entsetzen des Hofes Interviews, in denen sie über ihre Vereinsamung und Isolation redete. Sie sprach über ihre Bulimie, über ihre Ängste, über ihre Affären. Sie stellte sich ihrer Verletzbarkeit, indem sie sie offen zeigte. Indem sie sich den Medien stellte, die sie bisher eher bedroht hatten. Sie wurde von der Königsfamilie dafür angefeindet. Sie ließ sich nicht mehr beirren. Sie begann eigene Projekte zu verwirklichen und suchte sich die Partner, die sie selbst wollte, unabhängig davon, was von ihr erwartet wurde. Sie stellte sich ihrem Lebensthema. Die überwältigende Anteilnahme, die ihr Tod auslöste, hängt mit dieser Offenheit zusammen, mit dem Schritt, ihr Lebensthema zu leben.[8]

Auch die kleine Seele in unserer Geschichte von der Vergebung fürchtete zunächst das, was sie erfahren wollte. Sie fürchtete den Schmerz, den ihr die freundliche Seele zufügen wird. Sie fürchtete sich ebenfalls davor, zu vergeben. Sie wird sich sogar solche Charaktereigenschaften zugelegt haben, die diese Furcht noch verstärken. Denn dadurch wird es möglich, Vergebung sehr tief zu erleben. Die kleine Seele könnte sich einen stolzen und unnachgiebigen Charakter zulegen, der die Demut sabotiert, die für Vergebung nötig ist.

Wenn die Seele Erfahrungen machen möchte mit Kraft, schafft sie einen ganz verletzlichen und ängstlichen Charakter. Sie schafft sich ein sensibles Wesen. Wenn sie Erfahrungen machen möchte mit Güte, könnte sie sich etwas Verschlagenes oder Stolzes in den Charakter einbauen. Wenn sie Nähe erleben will, könnte ein ichbezogener und erfolgsorientierter Mensch eine gute Ausgangssituation sein. Wenn sie Erfahrungen machen möchte mit Abgrenzung, dann wird sie ein ganz durchlässiges und verletzbares Wesen erschaffen.

Deshalb schau hin, was dir im Leben bisher am meisten Angst, am meisten Druck verursacht hat. Schau es dir an, und du wirst dir selbst sehr nahe kommen. Lass dich auf das ein, womit dich das Leben herausfordert. Schau hinter die Oberfläche deiner Erlebnisse, bis du erkennst, was du wirklich erlebst. Mit welchen Gefühlen, mit welchen Eindrücken, mit welchen Erfahrungen ist es verbunden? Lass dich darauf ein, gib dich ihm hin. Du musst dich vom Leben bedrängen lassen, um dich mit ihm auszusöhnen. Es muss dir nahe gehen. Du musst ein Ertrinkender gewesen sein.

Das Leben hilft dir dies zu verstehen. Es versucht alles, um dich zu der Einsicht zu bringen, dass dieser Gegenpol, den du fürchtest, entscheidend für dich ist. Diese Bemühung erlebst du als Schicksal. Wenn du dich nicht traust, dich zu distanzieren und die anderen deswegen beständig deine Grenzen überschreiten, ist es möglich, dass dir mit einem Bandscheibenvorfall gezeigt wird, dass du nicht mehr ‚aufrecht gehen' kannst. Wenn du dich selbst belügst und dir Illusionen machst über deine Motive, kann es sein, dass dir das Leben Partner an die Seite stellt, die dir genau dies vorspielen, indem sie dich belügen und ausnutzen. Wenn du zu hastig bist und dich nicht einlässt auf Stille, kann es sein, dass du durch eine Behinderung gezwungen wirst zur Langsamkeit. Mit einem Mal siehst du die Welt ganz anders. Du entdeckst dann: die wirklich tiefen Situationen des Daseins sind ganz stille und ganz ‚kleine' Momente.

Schicksal heißt geschicktes Heil. Es ist ein Hinweis, es ist ein Heil. Wenn du es meiden willst, wenn du es fürchtest, erscheint es als Unglück. So verstehen es die Menschen: als etwas, was man fürchten muss. Wenn du aber erkennst, dass du deine Angst nicht fürchten musst, dann ist Schicksal nichts Gefährliches mehr. Wenn du weißt, dass du unter Angst hinwegtauchen kannst und dass du dann deine emotionalen Wahrheiten findest, dann wird das Schicksal zum Freund. Weil aber die Menschen dies nicht erkennen, ist das Schicksal, ist letztlich das ganze Leben gefährlich. Im Synonymwörterbuch gibt es zu dem Wort Schicksalsschlag nur einen Verweis: Unglück. Eine andere Bedeutung scheint unsere Gesellschaft dafür noch nicht gefunden zu haben. Andere Assoziationen existieren noch nicht. Schicksalsschläge sind eben gefährlich. Dabei sind die Momente, wo dich scheinbar das Schicksal erreicht, die Momente deiner größten Chancen. Nicht nur, weil du wächst, wenn du sie überlebst, sondern weil du genau in diesen Momenten deiner Wahrheit am nächsten bist.

Der chinesische Glücksdrachen ist schrecklich

Auf meinem Schreibtisch steht ein chinesischer Glücksdrache aus rotem Stein. Er besitzt einen schuppigen Schlangenkörper, und auf dem Rücken befinden sich gezackte Panzerplatten wie bei einem urzeitlichen Dinosaurier. Seine Füße sehen aus wie überdimensionierte Hühnerbeine mit den Krallen eines Raubvogels. Am faszinierendsten ist aber der Kopf. Seine runden, hervorstehenden Kulleraugen schauen stechend, seine Haare sehen aus wie Schlangen, und er hat Warzen im Gesicht. Das Maul mit scharfen Zähnen ist drohend aufgerissen, und die Lippen sind ausgefranzt. Alles in allem ein bizarres Wesen, das eindeutig drohen und erschrecken soll.

Zugleich hält er in seiner rechten Klaue dem Betrachter eine Kugel entgegen – ein Symbol für Fülle und Vollkommenheit. Als ich zum ersten Mal einen Glücksdrachen sah, fragte ich den Verkäufer, warum ein Tier, welches Glück bringen soll, so schreckenserregend aussieht. Er antwortete, dass der Drache mit seiner Bosheit und Hässlichkeit das Unglück und die bösen Dämonen vertreiben solle. Eine erstaunliche und merkwürdige Antwort. Merkwürdig deswegen, weil man doch davon ausgehen müsste, dass böse Dämonen vom Hässlichen angezogen und vom Schönen vertrieben werden. Unglück fühlt sich im Dunklen wohl und fürchtet das Licht. Der Drache müsste mit seinem Aussehen eher das Unglück anziehen als es zu vertreiben.

Ich glaube nicht, dass der Drache etwas vertreiben soll. Ich glaube, er bringt dem, der Glück sucht, eine Botschaft. Seine Hässlichkeit und Bösartigkeit drückt ein tiefes Wissen aus - die Erkenntnis, dass du nicht glücklich und erfüllt sein kannst, wenn du das Hässliche und Böse nicht akzeptierst. Dein Leben wird Kampf, Bemühung und Mangel bleiben, solange es Dinge gibt, die du wertest. Was dich glücklich macht, was dich wirklich mit dem Leben verbinden würde, kann zu dir überhaupt nur über die Angst kommen, über das, was du fürchtest, über das, was du ablehnst. Deine Seele geht mit dir gerade diesen Weg, dass du zunächst genau das fürchtest, was dich glücklich machen würde. Sie geht mit dir über den Gegenpol deines Lebensthemas. Aus diesem Grund kannst du die Vollkommenheit und die Lebensfreude nur von einem Wesen erhalten, das dich daran erinnert.

Der deutsche Dramatiker Heiner Müller sagte einmal: Die erste Erscheinungsform des Neuen sei der Schrecken. Erstens wird das Neue dich erschrecken, weil es neu ist. Alles Neue ist erschreckend, sonst wäre es nicht neu. Zweitens ist es erschreckend, weil das Neue immer das ist, wovor du dich gerade am meisten fürchtest. Die Künstler, die den Drachens schufen, müssen weise Menschen gewesen sein. Denn sie überbringen uns diese Botschaft: Gehe durch deine Angst hindurch, siehe, was sich dahinter verbirgt, und du wirst der Wahrheit begegnen.

Alle Ängste deines Lebens sind nur dazu da, um dich darauf hinzuweisen, was du dir verweigerst. Sie sind der beste Freund, den dir das Schicksal an die Seite gestellt hat und der dich begleiten und dir helfen wird, solange du unbewusst bist. Danach, wenn du bewusst geworden bist, verschwindet dieser Freund. Du wirst ihn nicht mehr brauchen. Die Dinge, die du gefürchtet hast, haben dich dann verlassen oder sind dir zur Fülle geworden. Dann wirst du den Glücksdrachen als schön empfinden.

Dass die Menschen das Glück als Last erleben oder es sogar direkt verhindern, hat auch grundlegende psychologische Ursachen. Es liegt daran, dass wir Nähe zu anderen Menschen zumeist als Mangel und als Unglück kennengelernt haben – in der Kindheit. Als Erwachsene, solange wir Nähe und Geborgenheit suchen, erschaffen wir uns diesen entsprechenden Mangel neu, den wir aus der Kindheit kennen.

Eine 47-jährige Geschäftsfrau berichtete mir, sie sei „nie richtig erfolgreich“. Ihre Partnerschaften funktionierten nicht, sie fühle sich häufig allein gelassen und nutzlos. Auch geschäftlich liefe es nicht gut. Sie könne zwar von ihren Einkünften leben, aber immer wieder erleide sie herbe Rückschläge, die ihre Existenz gefährdeten. Ihr ganzes Leben fühle sich so an, „als ob es nie was Richtiges wird“.

Sie verlebte eine Kindheit, in der sie viel allein gelassen worden war und in der ihre Eltern nie wirklich für sie präsent waren. In einer geführten

Meditation erlebte mit mir sie diese Szene: Als Dreijährige spielte sie zu Hause in der Küche, während sich die Mutter mit der Großmutter stritt, die mit im Haushalt lebte. Die beiden Erwachsenen nahmen stundenlang keine Notiz von dem Mädchen, das immer wieder versuchte, die beiden Frauen in das Spiel einzubeziehen. Das Mädchen baute Türme und begann dann vor lauter Frust, diese immer wieder einzuschmeissen, um sie danach wieder aufzubauen und dann wieder einzuschmeissen. Das ging so lange gut, bis plötzlich der Großmutter die Geduld riss und diese die Mutter zu beschimpfen begann: Das Kind sei völlig verzogen. „Aus ihr wird nie etwas werden, wenn du sie weiter so erziehst," sagte sie zu der Mutter. Dieser Augenblick war der einzige, in dem sich die Erwachsenen mit dem Kind beschäftigten - in einer ablehnenden Form. So verletzend das Verhalten der beiden Frauen für das Kind war, es bedeutete wenigstens eine Aufmerksamkeit, ein Mindestmaß an Zuwendung. Auch später erlebte meine Klientin immer wieder ähnliche Szenen. Sie erwarb Zuwendung - wenn etwas schief ging. Noch im Studium kümmerte sich ihr Vater, der während der Kindheit für sie praktisch nicht anwesend war, rührend um sie – aber immer nur, wenn sie große Schwierigkeiten hatte. Wenn sie finanziell nicht mehr ein noch aus wusste, oder wenn sie kurz davor stand, ihr Studium aufzugeben. Sie sagte, als ihr dieser Zusammenhang bewusst wurde: „Eigentlich glaube ich, andere kümmern sich nur dann um mich, wenn ich scheitere. Ich stelle Kontakt her, indem ich Katastrophen erzeuge, indem ich alles, was ich aufbaue, immer wieder einreiße".

Sie erlebte Nähe zu anderen immer nur dann, wenn sie hilfsbedürftig oder in Not war. Auf diese Weise knüpfte sie Kontakt. Anders lernte sie es nicht kennen. Ihre Eltern gaben ihr keine andere Chance. Wenn sie als Erwachsene plötzlich erfolgreich werden würde, wenn sie plötzlich auf eigenen Beinen stehen würde, könnte dieses Muster nicht mehr funktionieren. Sie würde in eine Leere fallen. In ihrer eigenen Wahrnehmung bedroht sie Erfolg, weil er Isolation bedeuten würde. Sie hat keine Chance, da heraus zu kommen, bevor sie sich diesen Mechanismus bewusst macht.

Ein 35-jähriger Designer, der für Unternehmen Internetauftritte gestaltet, erlebte in seiner Kindheit innerhalb seiner Familie immer wieder „Misstrauen, Verrat und Missgunst“, wie er es formulierte. Einmal wurde das Geld, das er sich als 15-Jähriger in der Firma seines Vaters erarbeitet hatte und das er für eine USA-Reise verwenden wollte, aus seinem Schreibtisch gestohlen. Es gab für ihn keine Möglichkeit, diesen Vorfall in der Familie zu klären. Er sprach zwar die Eltern und die Geschwister darauf an. Aber niemand ging auf ihn ein. In Konflikt mit anderen Kindern oder anderen Erwachsenen nahmen seine Eltern statt für ihn für die anderen Partei. Oft wurde ihm nicht geglaubt und noch nicht einmal zugehört. In geführten Meditationen erlebte er die Trauer und die Hilflosigkeit, die diese Situationen in ihm auslösten. Zugleich aber erlebte er, welche Intensität sie in sich bargen, wie sehr ihn gerade in diesen Momenten das Leben berührte. In diesen Situationen erlebte er die Eltern und die Geschwister intensiv. Als er das alles erinnerte, begriff er, was er in seinen Beziehungen seitdem erfuhr. „Ich bin noch heute misstrauisch“, sagte er, „wenn ich mit jemandem Harmonie erlebe. Ich verstehe jetzt, dies liegt einfach daran, dass ich Harmonie nicht kennengelernt habe. Sie ist mir suspekt. Ich provoziere selbst mit meinen engsten Vertrauten, mit meinen Partnern und Freunden Situationen, in denen sie an mir zweifeln müssen. Dann erlebe ich sie am intensivsten.“ Er erlebt andere Menschen am intensivsten, wenn sie an ihm zweifeln.

Wird ein Kind von seinen Eltern missachtet oder gedemütigt, dann kann man sagen, es hatte eine schwere Kindheit. Tiefer dringt man aber vor, wenn man erkennt, dass es über diese Missachtung und Demütigung, die mit Trauer und anderen nachhaltigen Gefühlen verbunden ist, seine Umwelt intensiv erlebte. Es erfuhr Kontakt auf diese Weise. Es waren zwar Gefühle da, die es als negativ empfand. Aber es waren Gefühle da. Es war vom Leben berührt. Es spürte eine Umgebung, er spürte auf diese Weise andere Menschen. Eine andere Möglichkeit, Kontakt zu knüpfen, kennt es nicht. Es konnte sie nicht erlernen. Aus diesem Grund wird es später, wenn es als Erwachsener Kontakt sucht, auf die bekannten Mechanismen zurückgreifen. Wenn es sich bei seinen Eltern ohnmächtig fühlte, wird es sich von seinen Partnern ohnmächtig machen lassen. Wenn es von seinen Eltern nur in der Not Zuwendung erhielt, wird es sich seinen Partnern nähern, indem es notleidend wird. Wenn seine Eltern es nur mochten, wenn es leistungsstark war, wird es später zutiefst glauben, etwas bieten zu müssen, damit es ein anderer gern hat. Wenn das Kind starke Trennungssituationen erlebte, weil sich die Eltern scheiden ließen oder weil sie es häufig weggaben, wird es als Erwachsener seine Partner am intensivsten in Trennungssituationen spüren und deswegen solche Situationen immer wieder provozieren.

Wenn jemand eine gesamte Kindheit lang auf die Liebe der Eltern gewartet hat, wird er später das Warten mit Liebe verwechseln. Das Warten wird der Inhalt seiner Beziehungen. Wenn er jemandem begegnet, der ihn wirklich liebt, wird er dies nicht annehmen können. Denn dann müsste das Warten aufhören.

Diesem Menschen wird wirkliche Freiheit und Fülle im Innersten suspekt sein, weil sie ihn, nach seiner bisherigen Erfahrung, isolieren würde. Auf diese Weise behindert die Angst das, was du dir am meisten wünschst. Dies ist ein bemerkenswerter Zusammenhang:

> **Die Angst ist da, um das zu verhindern, was käme, wenn sie nicht da wäre.**

Das klingt etwas verwirrend. Aber es bietet eine direkte Möglichkeit, deine Ängste zu durchschauen. Frage dich: was würde kommen, wenn deine Angst verschwunden wäre. Das ist das, was du wirklich fürchtest.

Eine 25-jährige Studentin erzählte mir, sie glaube immerzu, zu dick zu sein. Ihr ganzes Lebensgefühl sei davon beeinflußt. Entgegen ihren Befürchtungen war sie in Wahrheit eine schlanke und attraktive Frau. Sie kleidete sich allerdings völlig unscheinbar – wie eine ‚graue Maus'. Während unserer Zusammenarbeit erkannte sie, dass es überhaupt nicht um ihre Figur ging. Sie benutzte ihre Befürchtungen nur, um dem Leben auszuweichen. Nachdem sie dies erkannt hatte, trafen wir eine Vereinbarung. Sie sollte sich schöne, farbenfrohe Kleidung kaufen, die ihre Weiblichkeit betonte. Damit begann das ‚Problem'. Plötzlich war sie eine attraktive junge Frau, die auffiel. Die Blicke der Männer und Frauen folgten ihr. Sie wurde angesprochen. „Ich begreife jetzt, dass ich mich nicht distanzieren kann", sagte sie mir anschließend. „Ich habe es nicht gelernt. Nein sagen zu müssen, macht mir Angst." Es ging für sie darum, sich abzugrenzen. Ihr Partner befand sich zu dieser Zeit auf einer Geschäftsreise in Südafrika. Die Beziehung zu ihm war für sie schwierig und nicht wirklich glücklich. Jahrelang hatte sie es vor sich her geschoben, zu klären, ob sie diese Beziehung weiter wollte oder nicht. Sie spürte jetzt, dass sie eine Entscheidung treffen möchte. Auch das bereitete ihr Angst. Sie erkannte, dass sie bisher unentschlossen gewesen ist, weil sie ihrem Freund nicht weh tun wollte – also auch aus Scheu vor der Distanzierung. Kaum hatte sie aufgehört, in dem Bild zu leben, sie sei unscheinbar und unattraktiv, sah sie sich vor der Notwendigkeit, authentisch zu leben. Ihr Leben wurde intensiv. „Manchmal ist es so heftig," sagte sie mir später, „dass ich den Impuls spüre, mich wieder unauffällig anzuziehen und mich wieder zu dick zu fühlen."

Die Angst ist da, um das zu verhindern, was käme, wenn sie nicht da wäre.

Nelson Mandela sagte: „*Unsere tiefgreifendste Angst ist nicht, dass wir ungenügend sind. Unsere tiefgreifendste Angst ist, über alle Maßen kraftvoll zu sein. Es ist unser Licht, nicht unsere Dunkelheit, die uns am meisten Angst macht.*"

Du wirst, wenn du ins Glück, wenn du ins Licht gehen willst, wenn du innerlich klar und mit dem Dasein verbunden sein möchtest, durch deine Schmerzen hindurch müssen. Du wirst dir anschauen müssen, auf welche Weise du dich bisher anderen Menschen genähert hast. Du wirst dir anschauen müssen, was dir bisher am meisten weh tat. Du wirst dir selber begegnen müssen. Deswegen kommt der Glücksdrache mit einer Fratze auf dich zu. Er sagt dir, du musst mich aushalten, wenn du glücklich sein willst. Er sagt dir sogar: Wenn du Glück aushältst, dann gibt es nichts mehr zu fürchten. Dann bist du präsent. Dann weißt du, dass du niemanden anderen brauchst, als dich selbst. Dann werden auch deine Beziehungen erfüllt sein, dann wird dich jede deiner Handlungen erfüllen.

Ich bin überzeugt, dass der Drache seine Kugel nicht so ohne Weiteres herausgibt. Deine Hand danach auszustrecken, wird nicht genügen.

Er stellt eine Forderung. Er erwartet, dass du ihm in die Augen schaust und ihn erträgst. Er wird darauf achten, dass du ihm in die Augen schaust und dass dein Blick dabei nicht hart wird. Wenn du das kannst, dann bist du so weit. Dann nimmst du die Welt, dann nimmst du deine Wahrheit wahr. Dann bist du bereit, sein Geschenk anzunehmen.

Was ist Wahrnehmung?

Wahrnehmen heißt, dass du deinen Körper beobachtest. Ein Teil deiner Sinne ist in deinen Körper gerichtet. Wenn du beispielsweise einen Brief schreibst oder gerade telefonierst, dann handelst du damit in der äußeren Welt. Wahrnehmen bedeutet, dass du, während du diese Dinge tust, deinen Körper beobachtest. Du spürst in dich hinein. Somit erlebst du bewusst, wie sich das Papier und der Stift anfühlen. Nimmst du wahr, so wirst du deine eigenen Zeilen an den Adressaten auch *empfinden*. Dies bedeutet, neben dem Vorgang des Niederschreibens erlebst du die Emotionen, die du dabei hast. Wahrnehmen kannst du bei allen Handlungen. Auch beim Telefonieren handelst du einerseits nach außen: du redest, du argumentierst oder du hörst einfach zu. Zugleich beobachtest du deine Gefühle während des gesamten Vorgangs. Wahrnehmen bedeutet also, dass du erlebst, was in der Außenwelt geschieht und zugleich, was dieses Geschehen in dir auslöst.

Ich bezeichne die Fähigkeit, zugleich nach innen und nach außen zu schauen, als DOPPELTEN BLICK. Für die allermeisten meiner Klienten war der DOPPELTE BLICK am Anfang vollkommen ungewohnt. Aber der erste Schritt – es überhaupt zu wagen - war der Wesentliche. Hat man sich einmal darauf eingelassen, seine Gefühle tatsächlich wahrzunehmen, wird das Leben von nun an von einer vorher unvorstellbaren Leichtigkeit erfüllt sein.

Als du Auto fahren lerntest, war es auch schwierig, die vielen Handlungen unter einen Hut zu bringen: Schalten, Gasgeben, Bremse und Kupplung zu bedienen; dazu den Verkehr und die Schilder zu beachten. Es schien dir unmöglich, dies alles gleichzeitig zu tun. Ähnlich ist es hier. Am Anfang erscheint es dir schwierig, nach außen zu handeln und zugleich nach innen wahrzunehmen. Wenn es dir zur Gewohnheit geworden ist, wenn es mühelos geworden ist, dann machst du eine erstaunliche Entdeckung. Du begegnest in deinem Inneren einer völlig neuen Welt. Sie ist von einer unermesslichen Schönheit, sie ist farbenprächtig, sie ist dein wahrer Reichtum. Alles, was du außen erlebst, wird von nun an veredelt sein von dieser inneren Schönheit. Du wirst getragen werden von einer bisher unbekannten Kraft, von einem inneren Leuchten. Es ist, als ob in dir Quellen zu fließen beginnen, die es vorher scheinbar nicht gegeben hat. Nach und nach wird in dir die Erkenntnis reifen: Die innere Welt ist die eigentlich reale. Die äußere Welt ist nur ein ‚Abziehbild' davon. Und du wirst dich erinnern, dass auch bisher schon, bevor du begonnen hast, nach innen wahrzunehmen, alle schönen und berührenden Erlebnisse deines Lebens bereits innen stattgefunden hatten. Du hattest alles immer schon innen erlebt, auch wenn du geglaubt hattest, dass es außen gewesen sei. Dein wahrer Reichtum ist innen.

Deswegen musst du deine Ängste kennen. Wenn du deine Ängste nicht kennst, kannst du nicht nach innen schauen. Wenn du deine Ängste nicht kennst, lauern in dir Gefühle, die du fürchtest. Und wenn du innen etwas fürchtest, kannst du nicht nach innen schauen. Du kannst es dann zwar versuchen: Stell dir einmal vor, du würdest mit jemandem reden. Es ist jemand, den du magst. Du versuchst, während des Gespräches zu spüren, welche Gefühle er in dir auslöst. Du wirst direkt nach dem Gespräch bemerken, dass du keine Sekunde tatsächlich innen warst. Du hast es schlicht und einfach *vergessen.* - Solange du innen gegen etwas kämpfst, wird es dir nicht gelingen, nach innen zu schauen.

Die Schwierigkeit besteht nicht nur darin, dass dir innen Dinge begegnen, die du fürchtest. Der Schritt, nach innen zu spüren, ist darüber hinaus eine gefährliche Rebellion. Er ist ein Aufstand gegen deine gesamte Kindheit. Denn genau das wollten die Erwachsenen ja verhindern: deine Selbstwahrnehmung. Sie bedrohten dich. Nahmst du dich selber ernst, drohten dir die schärfsten Strafen. Aus diesem Grund ist es später für uns Erwachsene ein so großer Schritt, nach innen zu gehen. Beginnst du damit, wird in dir Trauer aufsteigen. Dies ist die Trauer aus deiner Kindheit, weil dich niemand verstand und sich für deine Gefühle interessierte. Mit anderen Gefühlen aus deiner Kindheit hast du auch sie verdrängt. Beginnst du jetzt, nach innen wahrzunehmen, dann begegnet dir als erstes diese Trauer.

Erst wenn du beginnst wahrzunehmen, wird dein Leben zur Erfahrung. Du hörst auf, es lediglich zu *ertragen. Erfahren* ist etwas grundsätzlich anderes als *Ertragen*. Viele Menschen ertragen ihr Unglück, sie ertragen ihr sogenanntes Schicksal ein Leben lang, ohne sich mit ihrem Leben wirklich auszusöhnen. Ertragen heißt, etwas nur hinzunehmen. Erfahren heißt dagegen, die Wahrnehmung zuzulassen. Das ist Aussöhnung. Ertragen heißt hinnehmen, Erfahren heißt aussöhnen.

In dem Moment, wo du dich aussöhnst, wo du wahrnimmst, wo du zulässt, fällt der Druck. Der Kampf hört auf, die Enge verschwindet, du wirst weit, du blickst voller Freude in das Leben.

Eine Frau bemerkt, dass sie eifersüchtig ist. Vielleicht ahnt sie schon, dass ihre Eifersucht in Wahrheit nicht von ihrem Mann ausgelöst wird. Vielleicht ahnt sie schon, dass es ihr eigenes Misstrauen und ihr eigenes Minderwertigkeitsgefühl sind, welche sie zur Eifersucht treiben. Und doch lebt sie jahrein, jahraus mit diesem Gefühl. Sie *erträgt* es. Vielleicht gelingt es ihr, es zeitweise zu verdrängen. Aber auch dann begegnet sie ihrem Mann nicht wirklich offen, sie ist misstrauisch, sie erfreut sich nicht an ihm. Frei wird sie erst, wenn sie sich mit dem Gefühl, minderwertig zu sein, aussöhnt. Wenn sie gegen dieses Gefühl nicht mehr ankämpft. Wenn sie diese Erfahrung zulässt. Dann wird auch der Gegenpol dazu hervortreten, wo ihre Kraft, ihre Lebensfreude und ihre Verbundenheit liegen. Dann wird sie auch unabhängig werden vom Verhalten ihres Partners.

Ein anderes Beispiel: Ein Mann kommt zu einem Psychiater und sagt: „Sie müssen mir helfen, ich bin krankhaft eifersüchtig auf meine Frau. Es macht mich ganz kaputt. Sie hat geschäftlich mit anderen Männern zu tun, ich kann nicht kontrollieren, mit wem sie ihre Zeit verbringt. Das macht mich fertig. Geben sie mir doch einen Rat, was ich tun könnte."
„Erzählen sie mir doch erst einmal", erwidert der Psychiater, „was sie an Ihrer Frau stört."
„Eigentlich stört mich fast alles an ihr. Ich finde sie ist zu laut, sie kümmert sich wenig um den Haushalt und lacht mir zu ausgelassen. Außerdem wird sie alt. Wir hatten schon lange keinen Sex mehr miteinander."
„Warum hatten sie keinen Sex mehr miteinander?", fragt der Psychiater.

„Eigentlich stösst sie mich ab; ich könnte es gar nicht mehr ertragen, mit ihr ins Bett zu gehen", sagt der Patient. „Ich bin ich froh, dass es so gekommen ist."
„Ich gebe Ihnen einen guten Rat", sagt der Psychiater. „Wenn Sie das nächste Mal eifersüchtig sind, dann konzentrieren Sie sich innerlich auf all diese Dinge, die Sie an Ihrer Frau stören. Lassen sie diese Eigenschaften vor Ihrem geistigen Auge Revue passieren. Stellen Sie sich dann vor, dass der andere Mann das alles ertragen muss. Dies wird Ihnen helfen."
„Oh ja", sagte der Mann. „Das ist ein guter Rat, so werde ich es machen."
Nach zwei Wochen treffen sich die beiden wieder.
„Nun", fragt der Psychiater, „wie ist es Ihnen mit Ihrer Eifersucht ergangen?"
„Sehr gut", sagt der Patient. „Ich habe Ihren Rat genau befolgt, und es hat sofort geklappt. Meine Eifersucht war augenblicklich weg. Der andere Mann tat mir sogar leid, was er da ertragen muss. Aber nach zehn Tagen, Herr Doktor, musste ich noch etwas machen, das hatten Sie mir allerdings nicht empfohlen."
„Ja, was denn?" fragt der Psychiater interessiert.
„Ich habe meiner Frau noch die Konten gesperrt."

Was ist passiert? Peter hat sich bereits von seiner Frau verabschiedet. Er interessiert sich nicht mehr für sie. Er findet sie völlig unerotisch. Er erkennt dies selbst - dennoch verfolgt er sie weiter. Seine Frau ist also nicht die Ursache seiner Eifersucht.

Eifersucht hat *nie* etwas mit anderen Menschen zu tun. Der Adressat der Eifersucht ist höchstens ihr Auslöser, aber er ist niemals ihre Ursache. Solange du nicht erkennst, dass du mit deiner Eifersucht einfach nur eine innere Erfahrung, deine Gefühle bekämpfst, solange wird sie bei dir bleiben – unabhängig davon, wie andere sich verhalten.

Du kannst unter deiner Eifersucht hinwegtauchen. Du kannst unter jeder Angst hinwegtauchen. Nicht um sie zu umgehen, sondern im Gegenteil, um in ihren Kern vorzustossen. Nur so kannst du die Gefühle erkennen, die hinter den Ängsten stehen.

Viele Menschen ertragen ihre Eifersucht, so wie sie ihre anderen Ängste ertragen. Jahrelang, ihr ganzes Leben lang, schon viele Leben lang. Sie fühlen sich gezwungen, andere Menschen zu manipulieren. Sie sind beständig aktiv, um ihr vermeintliches Glück zu sichern. Höre auf zu agieren, und lasse einfach zu, was geschieht. Das ist der Schritt in die Wahrnehmung. Wenn du deine Gefühle wahrnimmst, wenn du sie einfach auf dich zukommen lässt, wenn du beginnst, auf der emotionalen Ebene zu existieren, wird das Leben ganz dicht an dich herankommen. Wenn du aufhörst zu agieren, beginnt das Leben.

Wenn du das Leben nahe an dich heran lässt, wird noch einmal die Angst kommen, verletzt zu werden. Es kommt das Gefühl, gefährdet zu sein. Du lässt deine Schutzmauern fallen, du öffnest dich, du lieferst dich aus. Wenn du das Leben nahe an dich heran lassen möchtest, musst du dich ihm ausliefern, du musst aufhören, dich zu wehren. Daher rührt das Gefühl, bedroht zu sein. Aber du bist nicht mehr gefährdet! Du warst es in der Kindheit. Als Mädchen, als Junge warst du abhängig von deinen Eltern. Dein nacktes Überleben hing von ihnen ab. Deswegen waren ihre Zurückweisungen für dich damals lebensbedrohlich. Heute bist du nicht mehr in Gefahr. Verlassen oder enttäuscht zu werden ist für dich nicht mehr wirklich gefährlich. Erkenne das! Beobachte den Gedanken, gefährdet zu sein. Dann lasse den Gedanken gehen. Sonst wirst du dein Leben lang das bedrohte Kind bleiben. Du bist nicht bedroht! Lasse das Leben an dich heran!

Wahrnehmen bedeutet, nur zu beobachten, was innen geschieht und diess *nicht* mehr zu kontrollieren. Du lässt es so, wie es ist, du nimmst nur wahr. Du kannst dich dem hingeben, was die Welt in dir auslöst. Wahrnehmung führt automatisch zur Hingabe. Wahrnehmung *ist* Hingabe. Während du wahrnimmst verschwindet alles, was *nicht* Wahrnehmung ist. Beispielsweise verschwindet die Zeit. Du bist ganz im Augenblick. Wahrnehmen heisst, im hier und jetzt zu sein. Wahrnehmen ist der einzige Weg, um aus der Zeit herauszutreten. Umgekehrt: bleibst du in der Zeit, strebst du etwa ein Ziel an - dann kannst du nicht wahrnehmen. Nimmst du wahr, verschwindet die Zeit.

Ebenfalls ist es unmöglich, wahrzunehmen und gleichzeitig zu denken. Denn das Denken ist *in der Zeit*. Es benötigt kausale Beziehungen, es braucht das Wenn - Dann, das Vorher - Nachher. Wahrnehmen geschieht nur im Augenblick. Du kannst unmöglich später wahrnehmen oder früher wahrnehmen. Du kannst es nur in *diesem* Augenblick. Dagegen benötigt die Logik eine Abfolge und damit die Zeit.

Stell dir vor, dass du irgendwo in der Natur wanderst. Plötzlich stehst du vor einem murmelnden Bach auf einer wunderschönen Lichtung. Du siehst auf der anderen Seite der Lichtung einen Hirsch stehen mit einem herrlichen Geweih. Du stehst da, staunst und genießt die Schönheit. Du nimmst wahr: Die Natur präsentiert dir eines ihrer Geheimnisse. So vergisst du alles um dich. Du schaust einfach und fühlst was geschieht. Du bist berührt – du lässt dich berühren. Und empfindest dich so als Beteiligter. Dieser Augenblick wird noch Stunden oder Tage lang deine Stimmung beeinflussen.

Du bist dabei ohne Absicht. Das ist das Wesentliche. Das Tier oder der Bach sind einfach schön. Es gibt keinen Grund, keine Ursache für das, was geschieht. Die Schönheit des Augenblickes ist einfach da, wie aus dem Nichts. Deswegen berührt er dich. Würdest du mit dieser Situation ein Ziel verbinden, wärest du nicht in der Lage, ihre Schönheit wahrzunehmen. Ein Jäger der Jagdtrophäen sammelt, würde auf der Lichtung zählen, wieviel Enden das Geweih des Hirsches hat: Er würde bedenken, wie bedeutsam diese Trophäe für ihn wäre. Er würde sich vorstellen, wie er dieses Geweih an einer markanten Stelle seines Hauses aufhängt. Seine Freunde würden ihn dafür bewundern. Somit wäre das Tier nur noch Objekt seines Selbstwertgefühls. Der natürliche Zauber des Augenblicks würde ihn nicht erreichen.

Charles Darwin, der Begründer der Evolutionstheorie, schreibt, dass er als junger Mann ein sehr inniges Verhältnis zur Natur gehabt habe. Dann begann er seine Weltreisen, auf denen er die Gesetze der Vererbung finden wollte. Je mehr er in die Gesetze der Evolution eingedrungen sei, je mehr er die Natur analysiert und auf seine Ideen über Vererbung hin abgeklopft habe, je länger er geschaut habe, wie er seine Theorie beweisen kann, desto mehr sei sein unmittelbarer Kontakt zur

Natur verloren gegangen. Er hatte seine natürliche Wahrnehmung verloren.

Wahrnehmen heißt, die Welt wahr-zu-nehmen. Die Wahrheit zu nehmen. Die Welt zu sehen, wie sie ist. Sobald du die Ratio einschaltest oder sobald du etwas erreichen willst, kannst du die Welt nicht mehr so sehen, wie sie ist. Statt dessen wird sie zur Projektionsfläche deiner Bedürfnisse und Ängste.

Wenn du wahrnimmst, wenn du deine Sinne nach innen kehrst und beobachtest, was die Welt in deinem Körper auslöst, fallen deine Motive von Dir ab. Der Druck löst sich auf, der Stress löst sich auf. Du bist mit dem Leben verbunden.

Einsamkeit und Angst vor Nähe

Die Seele ist im nicht inkarnierten Zustand, solange sie nicht den Bedingungen des Körpers unterworfen ist, grenzenlos und mit allem verbunden. Dort ist sie eins mit der ganzen Existenz. Sie ist dort aber auch unfähig die Erfahrungen zu machen, die für sie nur im begrenzten Zustand möglich sind. Die Seele weiß schon alles. Sie weiß, um welche Themen es in ihren irdischen Leben gehen wird und in welche Zusammenhänge und Zwänge sie sich mit ihren Inkarnationen begibt. Aber noch ist sie eins mit allem. Noch ist sie kein Fragment, das einer Welt gegenübertritt. Sie ist verbunden mit der Welt, sie *ist* die Welt.

Diese Verbundenheit kann man in tiefer Meditation real erleben. Bei den Naturvölkern bildet diese das Zentrum der gesamten religiösen Betätigung. Die Rituale, die Zeremonien, die religiösen Vorschriften zielen darauf ab, die Einheit wiederherzustellen, aus der der Mensch gefallen ist und die er mit seiner physischen und psychischen Existenz zwangsläufig immer wieder verletzt. Wenn die Menschen der Naturvölker ein Tier töten, begehen sie anschließend Rituale, um sich mit der Natur, der sie etwas genommen haben, wieder zu versöhnen. Sie verstehen Krankheiten als ein Zeichen für die verlorengegangene Harmonie des Erkrankten mit dem Universum.

Bei der Inkarnation, beim Eintritt in die dreidimensionale Welt, verlässt die Seele diese allgemeine Verbundenheit. Sie betritt den Gegenpol dazu: die Trennung, die Isolation. Sie schafft sich einen Körper, der eine Grenze hat, und sie schafft sich eine Identität, ein ICH, das von nun an eine scheinbar äußere Welt, ein DU erleben kann. Diese Trennung in ein ICH und DU ist die Voraussetzung für Erfahrungen.

Das heisst, die Seele schafft sich mit der Inkarnation eine Wahrnehmung, die das Gegenteil von Verbundenheit darstellt. Du bist plötzlich im Körper, du musst ihn ernähren, du musst ihn beschützen und dich gegen deine Umwelt durchsetzen. Das Universum ist eingesperrt in deinen Körper. Du bist allein.

Inkarnieren ist das Sich-Ausliefern dem Allein-Sein. Du kannst keine Erfahrungen machen, wenn du dich dagegen wehrst. Deine Seele hat sich dies so ausgewählt. Unser Körper, unsere Psyche sind Instrumente, um allein sein zu können. Identität bedeutet allein sein. Deswegen sind wir auch so konstruiert, dass wir beständig versuchen, diese Identität zu bewahren, sie zu erhalten. Denn das Gegenteil dieser Identität ist der Tod, das Wieder-Hinüberwechseln in den ungebundenen Zustand. Tief in uns gibt es eine Kraft, die unser gesamtes physisches Dasein durchdringt und die sich darum bemüht, unsere Identität zu schützen. Sie verhindert, dass wir uns wieder verflüchtigen, dass unsere Körper, die durch einen solch komplizierten Geburtsvorgang geschaffen wurden, sich zu schnell wieder auflösen. Diese Kraft bewahrt unsere Grenzen und behindert damit Nähe. Sie behindert das Zerfließen unserer Grenzen. Daher rührt unsere Angst vor Nähe. Bei genauerem Hinsehen kann man erkennen, dass alle unsere Ängste Angst vor Nähe sind. Die Angst vor Nähe ist der ‚Klebstoff', der Körper und Psyche zusammenhält und sie damit überhaupt erst ermöglicht. Sie ist das Feuer, in dem unser Leben brennt.
Deswegen kannst du mit Nähe so tiefe Erfahrungen machen. Denn – erinnere dich – die tiefsten Erfahrungen machst du mit dem, was du am meisten fürchtest. Am intensivsten begegnet dir das Leben dort, wo du es fürchtest.

Deswegen ist es so berührend und auch so heikel, andere Menschen ganz nahe an sich heran zu lassen und mit ihnen zu verschmelzen. Deswegen ist Sexualität etwas so Intensives. Du kannst mit einem anderen Menschen nur verschmelzen, wenn du deine Grenzen aufgibst. Bei der Geburt bist du in die Grenzen gegangen, bei der Sexualität kannst du für kurze Zeit wieder darüber hinausgehen. Aber auch in anderen Situationen kannst du das Verschmelzen genießen. Verschmelzen kannst du mit der Natur. Gehe in einen Wald zu einer Stelle, die du liebst, werde dort ruhig und spüre nach innen. Spüre einfach nach innen und sei da. Nach einigen Minuten beginnst du, mit deiner Umgebung zu verschmelzen. Sogar die Tiere werden nahe an dich herankommen, zuerst die Vögel und später auch große Tiere. Sie fürchten dich nicht mehr. Es hat sogar den Anschein, als ob sie dich gar nicht mehr wahrnähmen. Du bist eins geworden mit deiner Umgebung. So kannst du auch mit deinem Essen verschmelzen, mit dem, was du in deinen Körper aufnimmst. Du kannst mit dem Meer verschmelzen, wenn du in ihm schwimmst. Du kannst alle existentiellen Handlungen nutzen, um Verschmelzung zu erfahren. Du bist inkarniert, um dies zu erleben. Du hast die Unbegrenztheit verlassen, um zu verschmelzen und ihr so auf neue Weise wieder begegnen zu können. Du bist inkarniert, um dich der Spannung auszusetzen zwischen der Grenzenlosigkeit deiner Seele und den Beengungen, die dir dein Körper und die materielle Welt auferlegen.

Bei vielen meiner Klienten beobachte ich folgenden Vorgang. Zunächst fürchten sie, alleine zu sein. Alleinsein verstehen sie als Abwesenheit anderer Menschen. Sie fürchten die Einsamkeit. Deswegen verharren sie in einer Beziehung, die unstimmig ist oder unter der sie sogar leiden. Andere umgeben sich ständig mit Menschen. Sie müssen immer jemanden um sich haben. Im Laufe unserer Zusammenarbeit werden sie bewusster. Sie beginnen dann, ihre Furcht vor Einsamkeit zu durchschauen und damit umzugehen. Sie befreien sich davon. Sie lernen, sich von anderen Menschen abzuwenden, wenn sie es möchten. Sie lernen, bei sich selbst zu sein. Sie entdecken die Schönheit der Einsamkeit. Sie entdecken, dass das, was sie bisher fürchteten, ein Geheimnis und eine große Kraftquelle ist. Sie lassen die Einsamkeit zu.

Und erst in diesem Moment, wo sie diese - soziale - Einsamkeit nicht mehr bekämpfen, wo sie sich nicht stets mit anderen umgeben müssen, wo sie sich nicht mehr chronisch ablenken, wo sie für sich sein können und ruhiger werden, entdecken sie die wahre Einsamkeit. Sie spüren plötzlich die wirkliche, existentielle Isolation, die sich die Seele gewählt hat. Sie kommen in Kontakt mit sich selber, sie kommen zur Ruhe - und auf einmal schimmert die Wahrheit durch. Sie begegnen der wirklichen Einsamkeit, die unser Dasein bedeutet. Geboren werden heisst allein sein.

Wenn du Einsamkeit zulässt, wirst du zunächst noch einmal durchleben müssen, dass du allein gelassen wurdest, als du in deinem Leben am meisten Hilfe brauchtest. Es kommen die Schmerzen der Kindheit hoch. Das ist deine Wahrheit. Du erkennst, wie sehr du dich getäuscht hast, als du glaubtest, du würdest geliebt. Du verlierst die Illusion, und das macht dich frei.

In Wahrheit fürchten die Menschen nicht die Einsamkeit. Sie fürchten sich davor, die Wahrheit über ihre Kindheit zu sehen. Deswegen bemühen sie sich so krampfhaft darum, nicht zur Ruhe zu kommen, nicht bei sich selber sein zu müssen. Und wenn sich das nicht verhindern lässt, dann lassen sie den Fernseher oder das Radio laufen, damit sie abgelenkt sind. Bloß keine Stille! Sogar in Restaurants und auf öffentlichen Plätzen spielt beständig Musik. Die Ablenkung muss ohne Unterbrechung aufrecht erhalten werden. Wenn du Angst hast, alleine zu sein, schau in deine Kindheit. Schau dir an, was das kleine Mädchen oder der kleine Junge, der du warst, nicht ertragen konnte.

Allein sein heißt: Du bist nur du. Ein anderer ist nicht da. Du begegnest nur dir selbst. Auch wenn du glaubst, einem anderen zu begegnen, begegnest du in Wahrheit immer nur dir. Den vergeblichen Versuch, einem anderen zu begegnen, erlebst du als Einsamkeit. Sobald du die Einsamkeit akzeptierst, hört die Suche nach einem Anderen auf und du lässt dich auf dich selbst ein.

Dies ist ein wesentlicher Aspekt der Einsamkeit: dass du dich mit dir selbst konfrontierst, wenn du alleine bist. Du kannst keine äußere Ursache mehr finden. Es gibt niemanden, der verantwortlich ist für das, was in dir geschieht. Es gibt keinen Vorwand mehr, um den Blick von dir selbst abzuwenden. Es gibt nichts, auf das du deine Ängste, deinen Druck, deine Unlust, deinen Verdruss lenken kannst. Du bist auf dich selbst gestellt. Du musst erkennen: Alles bist immer nur du. Solange andere Menschen anwesend sind, erscheint es so, als seien sie die Auslöser dessen, was du erlebst. Wenn du dich deiner Einsamkeit stellst, wirst du erkennen müssen, dass dieser Glaube eine Illusion ist.

Du glaubtest, dass deine Lust von deinem Partner oder von anderen schönen Frauen oder Männern erzeugt wird. Wenn du allein bist, musst du erkennen, dass dies eine Täuschung war. Jetzt ist niemand ist da. Aber deine Lust ist geblieben. Sie treibt deine Gedanken, sie quält dich, du wirst sie nicht los. Du glaubtest, für deine Sorgen seien andere Menschen verantwortlich. Du glaubtest, deinen Geldmangel oder deine Minderwertigkeit hätten andere Menschen verursacht. Diese Annahmen brechen jetzt wie ein Kartenhaus zusammen. Du glaubtest, du hättest Konflikte mit anderen Menschen. Nun siehst du, dass der Streit einfach nur in dir ist. Du benötigst keinen anderen dafür. Du hattest deinen inneren Streit auf andere projiziert. Und dann hast du mit ihnen deinen inneren Streit ausgekämpft. - Aber der Konflikt besteht auch ohne sie. *In dir* tobt es, *du* bist zerrissen, *in dir* ist der Frust, *in dir* ist die Gier auf das Leben. Stellst du dich deiner Einsamkeit, bist du gezwungen, unerbittlich auf dich selbst zu schauen.

Deswegen gehen spirituell Suchende in die Wüste. Auch Jesus und Buddha hatten sich dorthin zurückgezogen. In der Einöde konnten sie am leichtesten ihre Projektionen durchschauen. Denn dort gab es nichts, worauf sie projizieren konnten. So half ihnen die Wüste, sich selbst zu erkennen.

Lasse dich auf deine Einsamkeit ein. Nimm dir Zeit, spüre sie, gehe in sie hinein. Dir wird dann etwas Unendliches und etwas sehr Wahres begegnen. Du kommst in Kontakt mit dem Hintergrund, aus dem du geboren wurdest. Du wirst berührt sein davon, welches unvergleichliche Wunder dein Körper ist, den du dir geschaffen hast, um die Unendlichkeit, aus der du kommst, überhaupt spüren zu können. Deswegen sitzen wir so gerne unter dem Sternenhimmel. Wir schauen ins Unendliche, wir sind winzig klein und stehen ihm gegenüber. Das ergreift uns bis in unser Zentrum. Wir sind klein und stehen der Unendlichkeit gegenüber. Du hast dir deinen Körper erschaffen, um diese Erfahrung zu machen. Du brauchst ihn, um dem Unfassbaren zu begegnen. Dann erkennst du, dass Alleinsein in Wahrheit All-Eins-Sein bedeutet. Deine Einsamkeit ist der Gegenpol zur Unendlichkeit, aus der du kommst.

Einsamkeit gehört zum Kostbarsten, was du in der Verkörperung erfahren kannst. Vor ihrem Hintergrund kannst erkennen, was Verbundenheit und Liebe sind.

Gib was du suchst

Wenn du dein inneres Universum entdeckst, wenn der Blick nach innen einsetzt, wirst du zunehmend die Motive durchschauen, mit denen du handelst. Du wirst erkennen, dass du in deinem bisherigen Leben fast ausschließlich aus Angst gehandelt hast – nämlich um Gefühle zu verhindern. Nur wenige Menschen sind in der Lage, aus Freude oder aus Mitgefühl zu handeln.

So glaubt die Mutter mit dem schwerkranken Kind, die ihre Schuldgefühle nicht wahrnehmen will, sie helfe ihrem Kind, sie handele für das Kind. In Wahrheit jedoch bekämpft sie lediglich ihr Schuldgefühl. Sobald sie fähig ist, ihre Gefühle zu beobachten, wird sie ihre Selbsttäuschung durchschauen.
Der erfolgreiche Unternehmer, der seine Minderwertigkeitsgefühle noch nicht akzeptiert hat, ist erfolgreich aus Angst vor Misserfolg. Er wird von den anderen bewundert. Er selbst glaubt vielleicht, er sei ein Gewinnertyp – in Wahrheit hetzt ihn seine Befürchtung, zu versagen.
Die Frau, die Angst davor hat, von ihrem Partner verlassen zu werden, und die sich deswegen intensiv um ihn bemüht, die ihm jeden Wunsch von den Augen abliest, glaubt, dies aus Liebe zu tun.
Der Liebhaber, der große Nähe fürchtet, für den es unerträglich ist, wenn ihn jemand im Innersten berührt, entwickelt feinste Verführungskünste. Er kann den Partnerinnen nicht direkt begegnen, weil es ihm den Boden unter den Füßen nehmen würde. Deshalb fühlt er sich gezwungen, zu verführen und zu faszinieren. Er verwendet ausgefeilte Techniken voller Raffinesse, um Frauen für sich zu interessieren. Statt sich hinzugeben und wirkliche Begegnungen zuzulassen, muss er faszinieren.

Bei allem, was wir tun, bei ausnahmslos allen unseren Handlungen, selbst bei den kleinsten und scheinbar unbedeutendsten, treffen wir innerlich diese Wahl: Tun wir etwas aus Freude oder aus Angst. Du kannst joggen und dich gesund ernähren aus Angst vor Krankheit oder aus Freude an deinem Körper. Du kannst Beziehungen zu anderen eingehen aus Angst vor Einsamkeit oder aus Freude über die gemeinsamen Erlebnisse. Du kannst viel Geld verdienen aus Angst vor Armut oder aus Freude daran, welche Möglichkeiten dir das Geld bietet. Du hast immer die Wahl. Du triffst bei jeder Handlung diese Wahl – ob es dir bewusst ist, oder nicht. Was du nicht aus Freude tust, tust du aus Angst.

Wenn du aus Angst handelst, bist du in der Zukunft oder in der Vergangenheit. Wenn du aus Freude handelst, kommst du in der Gegenwart an. Du bist dann im Augenblick. Dann handelst du nicht mehr für ein Ziel. Sondern du handelst, weil es dir jetzt, in diesem Moment, Freude bereitet. Der Unternehmer, der aufhört, gegen seine Minderwertigkeit anzukämpfen, muss keinen Misserfolg mehr verhindern. Er ist jetzt in der Lage, Tag für Tag seine unternehmerische Tätigkeit und auch seinen Erfolg zu genießen. Die Frau, die keine Angst mehr davor hat, allein zu sein, kann sich auf ihre Beziehung wirklich einlassen. Wenn sie sich um ihren Partner bemüht, dann nur noch, weil es ihr Freude bereitet – nicht mehr, um ihn zu binden. Sie tut es für diesen Augenblick, sie genießt ihn. Freude ist im Augenblick. Freude fürchtet nichts, und sie will nichts erreichen.

Auf diese Weise spielen Kinder. Sie bauen einen Turm. Dabei sind sie ganz im Augenblick. *Warum* sie einen Turm bauen, ist für sie nicht wichtig. Die Frage nach einem Grund für ihr Bauen ist für sie völlig unverständlich. Aus Kindersicht ist sie geradezu absurd. So können nur Erwachsene fragen. Ihr Spiel kommt von innen – es ist pure Freude. Da muss nichts begründet werden.

Kein Ziel in sein Tun zu legen, bedeutet jedoch nicht, ohne Visionen zu handeln. Du kannst Visionen haben und du kannst sie umsetzen. Aber wenn du handelst sei ganz im Augenblick. Tue es nur aus Freude. Auch die Kinder haben, wenn sie Türme bauen, eine Vision davon. Sie haben eine Vorstellung davon, wie der aussehen soll. Sicher wollen sie einen ganz tollen Turm bauen. Aber beim Bauen sind sie im Augenblick, sie verlieren sich, sie vergessen alle Motive und sind dadurch kreativ und offen. Ein Maler, der ein Bild schafft, hat am Anfang eine Vorstellung von dem neuen Werk. Aber wenn er malt, ist er ganz im Augenblick.

Er vergisst das Ziel, er gibt sich den Eingebungen des Momentes hin. Nur so entsteht ein Kunstwerk.

Wenn du das durchschaut hast, hast du die Möglichkeit, dein Motiv jederzeit zu wechseln. Du kannst in jedem Moment von der Angst in die Freude wechseln. Ein Mann kommt abends nach der Arbeit nach Hause. Zuvor hatte er im Supermarkt seiner Frau eine Schachtel Pralinen gekauft. Am Vortag hatten sich beide gestritten. Er möchte sie besänftigen. Ein anderes Motiv für den Pralinenkauf könnte sein, dass er heute seine Ruhe haben möchte, um sich seinem Hobby zu widmen. Vielleicht möchte er auch mit ihr schlafen. In jedem Fall will er etwas erreichen. Erst, wenn ihm bewusst wird, dass er mit dem Geschenk seine Frau manipulieren möchte, kann er unmittelbar sein Motiv wechseln. Er könnte sich innerlich darauf konzentrieren, wie sie sich über das Geschenk freut. Er denkt dann nicht mehr darüber nach, was er mit dem Geschenk erreichen will, sondern er spürt, wie sie sich freuen wird. Diese Wahl des Motivs ist ein mentaler Vorgang. In dem Moment, wo der Mann sich darauf besinnt, wie sich seine Frau freuen wird, hat er selbst die Freude in sich.

Dies ist eine sehr direkte Möglichkeit, sich mit dem Leben zu verbinden: Gib das, was du suchst, was du dir selbst wünschst, wonach du dich sehnst – gib es anderen. Gib was du suchst. Dann ist es so, als ob Gott direkt durch dich spricht.

Michaela, eine 35 jährige Klientin, erzählte mir, dass ihre 4-jährige Tochter Daniela häufig mit freudestrahlenden Augen auf sie zugelaufen gekommen wäre und dass ihr diese Momente sehr schwer fielen. „Bei mir entsteht dann eine erdrückende Traurigkeit, und manchmal werde ich richtig wütend. Ich bin nicht in der Lage, Daniela in den Arm zu nehmen. Manchmal weise ich sie sogar brüsk ab“, erzählte sie mir. Michaela verbrachte eine Kindheit, in der sie vollkommen überfordert gewesen war. Ihre Eltern hatten eine Bäckerei und ein Restaurant betrieben. Schon als kleines Kind musste Michaela auf Abruf bereit sein, um mitzuarbeiten. Zugleich war sie das erste von fünf Kindern und hatte die Aufgabe, auf ihre jüngeren Geschwister aufzupassen. Sie war beansprucht gewesen wie eine Erwachsene. „Ich habe heute das

Gefühl, nie richtig gespielt zu haben. Meine Eltern haben mich nie umarmt", sagte sie. „Mich macht der Gedanke wütend, dass ich nie geliebt worden bin".

Genau das, was Michaela in ihrer Kindheit vermisste, nahm sich Daniela von ihr. Daniela kam mit strahlenden Augen und voller Freude auf ihre Mutter zu und wollte von ihr umarmt werden. Sie verlangte Freude, Lachen, Zuwendung und Schutz. Sie forderte es einfach ein – als etwas Selbstverständliches. Das konnte Michaela nicht ertragen. In ihr kamen Frust und Traurigkeit hoch, die eigentlich in ihre Kindheit gehören. Was sie nicht ertrug, war nicht die Tochter, sondern die Erinnerung an ihre eigene Kindheit.

Als Micheala diesen Zusammenhang erkannt hatte, wurde ihr auch die große Chance, die sich ihr hier bot bewusst. Wir vereinbarten, dass sie bei der nächsten Gelegenheit nicht mehr ausweichen sollte, wenn ihre Tochter wieder einmal mit ihren strahlenden Augen auf sie zukommt. Sie sollte Daniela zu sich lassen und sie mit ihrer Freude annehmen. Michaela nahm sich vor, für die Freude ihrer Tochter da zu sein.

„Es war beim ersten Mal für mich wie ein Schock", erzählte sie später. „Nachdem Daniela wieder gegangen war, bekam ich einen Weinanfall, ich habe noch nie so bitter geweint. Aber mit jedem Mal wurde es leichter und ich begann in diesen Situationen, in denen meine Tochter mir nah war, so deutlich wie nie zu spüren, dass ich sie liebe. Bei ihr habe ich dieses Gefühl kennen gelernt." Michaela lebte mit dem Gedanken, ihr würden die Zuwendung und die Liebe, die sie von ihren Eltern nicht erhalten hatte, für immer fehlen. Sie durchschaute diese Täuschung, indem sie ihrer Tochter Liebe *gab.* Genau genommen musste sie gar nichts tun. Sie ließ es lediglich zu. Sie ließ zu, dass die Tochter erfuhr, was ihr selbst fehlte.

Wenn du anderen Liebe gibst, ist Liebe in deinem Leben. Es geht nicht anders. Wenn du grollst und enttäuscht darüber bist, dass du ungeliebt bist, sind Groll und Enttäuschung in deinem Leben. Gib das, was du selbst suchst, und es wird in deinem Leben sein.

Häufig verweigern wir anderen das, was wir selber suchen. Dies geschieht wenn du eine Partnerschaft eingehst, weil du einen Partner für irgend etwas benötigst. Vielleicht brauchst du ihn, weil du nicht allein sein möchtest, vielleicht brauchst du Hilfe, um dein Kind zu erziehen, vielleicht brauchst du finanzielle Sicherheiten, vielleicht suchst du Geborgenheit. Wenn du deinen Partner für irgend etwas brauchst, missbrauchst du ihn. Missbrauch enthält das Wort brauchen. Wenn du jemanden brauchst, ist der Missbrauch nahe. Du selbst möchtest geliebt sein, wie du bist. Du möchtest, dass dein Partner bei dir ist, weil du so bist, wie du bist. Du sehnst dich nach jemandem, der dich genau so liebt, ohne dich verändern zu wollen. Wenn er dich nur für etwas bräuchte, wäre es für dich natürlich eine Enttäuschung. Er meinte dann nicht dich. Er miss-braucht dich. Ebenso miss-brauchst du ihn, wenn du ihn für lediglich irgend etwas benötigst. Auf diese Weise gibst du einer erfüllten Beziehung von vornherein keine Chance. Wenn du akzeptiert sein möchtest, wie du bist, unabhängig davon, welche Bedürfnisse dein Partner hat, dann akzeptiere deinen Partner ohne Bedingungen.

Wenn du ein erfolgreiches Unternehmen führen möchtest, sorge dafür, dass die Mitarbeiter und Führungskräfte in deiner Firma erfolgreich sind. Sorge dafür, dass sie sich entfalten, dass sie Ihre Ideen und ihre persönlichen Stärken einbringen und ihre Kreativität entwickeln. Dann werdet ihr ein unschlagbares Team sein und das Unternehmen wird aufblühen.

Wenn du Nähe suchst, gib anderen Nähe. Dann erlebst du sie sofort. Hier kannst du das Prinzip am direktesten verstehen. Es ist unmöglich, Nähe zu geben und sich selbst außen vor zu lassen. Häufig beklagen sich meine Klienten, keine Nähe erleben zu können. Auf die Frage, wie sie Nähe herstellen, wissen sie keine Antwort. Du kannst keine Nähe erleben, wenn du sie nicht selber geben kannst. Aber wenn du sie herstellst, ist sie sofort da. Wenn du Reichtum suchst, hilf anderen, reich zu werden. Wenn du Güte erfahren willst, sei gütig zu anderen. Wenn du Streit suchst, streite mit anderen. Wenn du Sturm suchst, sähe Wind.

Indem du gibst, was du suchst, geschieht noch etwas anderes: du wirst aufhören, zu suchen. Dabei findet ein Wechsel deiner Position statt. Solange du etwas suchst, lebst du im Mangel. Sobald du etwas gibst, lebst du in der Fülle. Du besitzt es dann bereits. Du kannst nur etwas geben, was du schon besitzt. Deswegen wirst du reich, indem du deine Wünsche schenkst.

Du wirst dabei vom Nehmenden zum Gebenden. Wenn du suchst, was du dir wünschst, bist du ein Nehmender. Du glaubst, einen Mangel zu haben. Du glaubst, es von irgendwoher oder von irgendwem erhalten zu müssen. Du bist ein Bettler. Wenn du gibst, bist du ein König. Der Maler Pablo Picasso wurde eines Tages gefragt, wie es ihm gelingt, so überaus kreativ zu sein. Mit welchen Methoden er seine vielen Themen und Sujets suchte. Picasso war einer der vielfältigsten Künstler überhaupt. Es existiert keine Stilrichtung, die er nicht beherrschte. Er schuf abertausende gültiger Kunstwerke. Picasso antwortete: *„Ich suche nicht, ich finde."* Wenn du suchst, kannst du kaum etwas geben. Aber wenn du gibst, wirst du zur unerschöpflichen Quelle.

Genau das meinte Jesus, als er sagte: „Sorge dich nicht." Solange du dich sorgst, sucht du Sicherheiten. Dann bist du ein Bettler. Sorge dich nicht, ist keine Aufforderung. Jesus stellt lediglich eine Tatsache fest: Du bist kein Bettler, du bist niemals gefährdet. Selbst in den schwersten Momenten deines Lebens bist du nicht gefährdet. Du musst dich nie sorgen. Du musst niemals suchen. Du kannst ein Leben lang ein Gebender sein.

Ein Mann träumt eines Nachts davon, wie er auf einen weißen Sandstrand schaut. Er sieht im Sand eine einsame Fußspur. Plötzlich steht Gott neben ihm und schaut ebenfalls auf diese Spur.
„Das ist die Spur deines Lebens, von deiner Geburt bis heute", sagt Gott zu dem Mann.
Da entdeckt der Mann eine zweite Spur neben der seinen. „Wem gehört diese andere Spur?", fragt er Gott.
„Das ist meine Spur," antwortet Gott, „ich war immer an deiner Seite".

„Aber siehe,“ sagt der Mann zu Gott, „immer, wenn es mir wirklich schlecht ging, wenn ich nicht weiter wusste und mich verloren glaubte, da ist immer nur *eine* Spur. In diesen Momenten warst du nicht bei mir. Da hast du mich verlassen“.
„Nein,“ antwortet Gott, „in diesen Momenten habe ich dich getragen“.

Du wirst getragen. In deinem Leben geht es um Erfahrungen. Es geht nicht darum, dich zu gefährden. Du wirst getragen und geführt. Wenn du zum Gebenden wirst, akzeptierst du diese Tatsache.

Deine Wünsche sind nicht etwas, was dir fehlt, sondern etwas, was du hast. Gott führt dich über deine Wünsche. Er bringt dich mit ihrer Hilfe dazu, kreativ zu sein. Du bist kreativ, indem du das, was du dir wünschst, anderen gibst. Später wirst du über deine Wünsche hinausgehen und meditativ werden. Aber jetzt mache sie dir erst einmal bewusst. Und dann schenke der Welt das, was du suchst. Werde zur Quelle!

Beispiele für Unbewusstheit

Berthold Brecht: Nie da sein

Von Berthold Brecht gibt es ein bemerkenswertes Gedicht. Es heißt *„Der Radwechsel"* und ist das Eröffnungsgedicht zu den Buckower Elegien:

Ich sitze am Strassenrand
Der Fahrer wechselt das Rad.
Ich bin nicht gern, wo ich herkomme.
Ich bin nicht gern, wo ich hinfahre.
Warum sehe ich den Radwechsel
Mit Ungeduld?

Unbewusst zu sein bedeutet, nicht zu wissen, dass du alles, was du erlebst, in dir trägst. In dir ist die Quelle und das Ziel. Von innen kommt, was du erfährst, und auch nur dort kannst du etwas bewirken. Ein unbewusster Mensch versucht, seine Erfahrungen zu ändern, indem er die Außenwelt verändert. Er verhält sich wie jemand, der die Handlung eines Spielfilms beeinflussen möchte, indem er die Leinwand manipuliert. Wer nicht nach innen wahrnehmen kann, erlebt das Dasein als Hölle. Denn was du nicht wahrnimmst, begegnet dir als Angst. Ein unbewusster Mensch trägt deswegen die Hölle in sich. Er wird sie nirgends los werden. Er wird sich nirgends wohl fühlen. Weder wo er herkommt, noch wo er hingeht, noch dort wo er gerade ist. Aus diesem Grund kann er auch nirgendwo wirklich sein. Denn er ist nie wirklich da. Er ist nie bei sich. Überall bekämpft er die Probleme, die er vorher nach außen projiziert hat. Jeden Ort der Welt kann er dafür benutzen. Deswegen begegnet ihm überall die Hölle. Dort wo er herkommt, war die Hölle, dort wo er hingeht, wird die Hölle sein, und hier, wenn ein Radwechsel die beständige Rastlosigkeit einmal unterbricht, ist es dasselbe.

Brecht spürt bereits, dass etwas nicht stimmt. Sonst wäre das Gedicht auch nicht entstanden. Aber er spürt nicht zu sich, er schaut nicht auf sich, nicht *in* sich, er ist überhaupt nicht meditativ. Er stellt lieber schnell eine Frage. Hätte er keine gestellt, dann hätte er sich wahrnehmen müssen. Er hätte dann vielleicht die Quelle seiner lebenslangen Unruhe gefunden. Er hätte vielleicht eines dieser Grundgefühle bemerkt, die ihn getrieben haben, die ihn hinderten, einfach nur zu sein. Vielleicht war es Ohnmacht, vielleicht Hilflosigkeit, vielleicht Einsamkeit. Er hätte sich selbst wahrnehmen müssen, er hätte im Augenblick sein müssen. Wenn er im Augenblick angekommen wäre, wäre ihm der Radwechsel gleichgültig gewesen. Er hätte ihn weder mit Ungeduld noch mit Geduld gesehen. Brecht wäre einfach da gewesen. Er hätte den Augenblick angenommen, ihn genossen. Aber Brecht wusste nicht, dass man überhaupt im Augenblick sein kann. Er wusste nicht, dass man dafür nach innen gehen muss. Als Kind hat er es nicht gelernt, und später hat es ihm niemand gezeigt. Wenn er nach innen gegangen wäre, hätte er erkannt, dass es keine andere Ursache für seine lebenslange Ungeduld gegeben hat, als ihn selbst. Aber dann hätte er fast alles in Frage stellen müssen, was er in seinem Leben für wichtig gehalten hat: seine dichterische Mission, den Klassenkampf, den größten Teil seiner Schriften. Stattdessen suchte er lieber eine Ursache: *Warum* sehe ich den Radwechsel mit Ungeduld? Er forschte in der Vergangenheit, anstatt einfach die Pause mit dem Radwechsel zu geniessen.

Immer wenn wir „Warum?“ fragen, wenn wir eine Ursache suchen, nehmen wir nicht wahr. Wenn wir „Warum?“ fragen, bleiben wir am Leben unbeteiligt. „Warum?“ fragen Kleinkinder, die gerade die Logik entdecken. Ein reifer Mensch, der das Dasein akzeptiert, fragt nicht mehr warum. Er nimmt das Leben mit seinen Wundern schlicht an. Er hat erkannt, dass das Leben nie stattfindet - außer in dem jetzigen Moment. „Warum?“ und „wieso?“ zerstören diesen Augenblick. Wir sind nicht im Leben, wenn wir die Vergangenheit oder die Zukunft verstehen oder manipulieren wollen.

Wie gesagt: Wenn du *denkst*, bist du in der Vergangenheit oder in der Zukunft. Das Denken braucht das Nachher und das Vorher. Es benötigt das Wenn - Dann. So funktioniert auch unsere Wissenschaft. Der Physiknobelpreisträger und einer der Erfinder der Quantenelektrodynamik, Richard Feynman, formulierte das Ziel wissenschaftlichen

Denkens einmal so: *„Wissen ist völlig wertlos, wenn Sie mir nichts weiter sagen können, als was gestern passiert ist. Notwendig ist es zu sagen, was morgen geschehen wird, wenn man etwas Bestimmtes tut.“*[9]

Was hier fehlt, ist die Gegenwart. Sie kann auch gar nicht da sein, denn sie ist durch logisches Denken unerreichbar. Sie tritt ein, wenn das Denken aufhört, wenn du nach innen gehst. Wenn du wahrnimmst. Auch Brecht ist in seinem Gedicht dort, wo er war, und dort, wo er sein wird. Der einzige Ort, der wirklich interessiert, kommt darin nicht vor: die Gegenwart, er selbst.

Von dem französische Philosophen des 17. Jahrhunderts Rene´ Descartes stammt der berühmte Ausspruch: *Ich denke, also bin ich.* Aber wenn du denkst, bist du in der Zeit. Dann bist du nicht präsent, du bist nicht da. Du hast deinen Körper vergessen, du nimmst nicht mehr wahr, du bist aus der Welt verschwunden. Nur wenn du im Augenblick bist, bist du präsent – und dann hat das Denken aufgehört: Ich denke, also bin ich *nicht.*

Du kannst einen kleinen Versuch machen. In einem schönen Moment spürst du nach innen. Du bist in der Natur oder du verbringst mit jemandem Zeit, den du magst. Dann richte deine Sinne nach innen, in deinen Körper. Erlebe bewusst, wie sich die Situation dort anfühlt. Wenn du später an diese Situation zurückdenkst, wirst du dich genau an die Minuten erinnern, als du in dich gespürt hattest, als du bei dir gewesen bist. Die Erinnerung wird aus diesen Minuten bestehen. Du musst nicht einmal versuchen, dich mühsam zu erinnern. Die Erinnerung wird sofort präsent sein. Wenn du von jemandem Abschied nimmst, den du liebst, werden dir genau die gemeinsamen Momente sofort gegenwärtig sein, in denen du dich wirklich wahrgenommen hattest. Wenn du trauernde Menschen beobachtest, wirst du erkennen, dass ihre Trauer zum größten Teil aus ihrer Einsicht besteht, die Zeit mit dem Verstorbenen nicht ausreichend genutzt zu haben. So vieles ist unerledigt geblieben, so viel Wichtiges ist ungesagt geblieben. Meist haben sie sich noch nicht einmal mitgeteilt, was sie füreinander empfanden. Die Trauernden spüren jetzt, wie überflüssig die meisten Streitigkeiten mit dem Verstorbenen gewesen waren, wie wenig sie die

Chancen genutzt haben, um Gemeinsamkeit, Nähe und Verbundenheit zu erfahren. In dieser Trauer fällt ihnen auf, dass sie das Wesentliche in ihrem Leben vernachlässigen. So führt die Trauer um einen Verstorbenen zu der noch grundsätzlicheren Trauer, in Wahrheit das eigene Leben zu verpassen.

Als am 11. September 2001 das New Yorker World Trade Center zerstört worden ist, waren tausende von Menschen in den Stunden und Minuten vor ihrem Tod von Flammen eingeschlossen. Viele von ihnen hatten noch Gelegenheit, vor ihrem nahenden Ende mit Partnern, Eltern, Kindern oder Freunden zu telefonieren. Viele dieser Gespräche sind dokumentiert. Fast alle enden mit Worten über die Liebe: „Ich liebe dich", „Sag′ meiner Frau, dass ich sie liebe", „Sag′ unseren Kindern, dass ich sie liebe", „Sag′ meinen Eltern, dass ich sie liebe". Diese Menschen konnten nicht mehr ausweichen. Sie wussten, dass sie bald sterben würden. Und plötzlich wurde ihnen unmittelbar verdeutlicht, was ihnen im Leben wirklich wichtig gewesen ist. Ihre allerletzte Botschaft war eine Botschaft über die Liebe. Am Ende, beim Abschied, sehen wir es immer ganz deutlich. Wir haben ein ganzes Leben lang Zeit, diese Wahrheit zu leben. Und das ganze Leben lang handeln wir so, als gäbe es sie nicht.

Die Menschen im World Trade Center, den Flammentod vor Augen, hatten nichts mehr zu verlieren. Sie konnten das Tor zu sich selbst aufstoßen. Sie konnten es öffnen, weil sie durch die Katastrophe in den Augenblick gerissen waren. Alles, wovon sie glaubten, dass es in ihrem Leben Bedeutung besaß, materielle Reichtümer, Erfolg, Sicherheit, war jetzt wertlos. Vergangenheit und Zukunft gab es nicht mehr. Der Augenblick bestimmte ihr Dasein. Das einzige, was sie noch zu geben hatten, war ihre Liebe.

Liebe ist das einzige, was du in deinem ganzen Leben überhaupt geben kannst. Und Liebe gibst du beständig – mit allem, was du tust. Unabhängig davon, wie du oder andere deine Handlungen bewerten. Wenn du bewußt wirst, wenn du im Augenblick ankommst, wird dir auch diese elementare Tatsache bewußt werden. Dann wirst du auch jeden Augenblick deines Lebens mit Dankbarkeit erleben.

Aber zuerst mußt du wissen, wie du im Augenblick ankommst. Wie du die Zeit verlierst, wie du wahrnimmst. Brecht wusste nicht, wie das geht. Er wusste nicht, dass es überhaupt geht.

Ich bin nicht gern, wo ich herkomme.
Ich bin nicht gern, wo ich hinfahre.
Warum sehe ich den Radwechsel
Mit Ungeduld?

Er stellt eine Frage. Aber hier ist keine Frage nötig. Weil du nirgends bist, bist du auch nicht in der Gegenwart. Erst wenn du bei dir ankommst, wenn du wahrnimmst, geht die Zeit verloren. Dann bist du da. Ein Wissender hätte diesen Zusammenhang benannt. Du bist nicht gern wo du warst. Du bist nicht gern, wo du hingehst. Du bist noch gar nicht. Du wirst nirgends sein. Deswegen bist du auch nicht jetzt, beim Radwechsel. Er hätte sich nicht gewundert. Er hätte *keine* Frage gestellt:

Ich sitze am Strassenrand
Der Fahrer wechselt das Rad.
Ich bin nicht gern, wo ich herkomme.
Ich bin nicht gern, wo ich hinfahre.
Ich sehe den Radwechsel
Mit Ungeduld.

Ödipus: Blindheit als Lebenshaltung

Der Ödipusmythos entstand vor mehr als dreitausend Jahren. Er ist so alt, dass seine Ursprünge uns nicht mehr bekannt sind. Die heute gültige Form des Mythos' geht auf zwei Theaterstücke zurück, die der griechische Dichter Sophokles vor 2400 Jahren geschaffen hat: *„König Ödipus"* und *„Ödipus auf Kolonos".* Insbesondere „König Ödipus" gilt seit seiner Entstehung als das klassische Vorbild einer Tragödie überhaupt. Wohl kaum ein anderes Theaterstück hat eine solche nachhaltige Wirkung entfaltet. Sophokles thematisiert in seinen beiden Tragödien die Unbewußtheit des Ödipus. Aus Sophokles' Perspektive ist der Ödipusmythos ein Stoff über die Unfähigkeit eines sich ausschließlich an der Außenwelt orientierenden Menschen, sich mit den Bedingungen des Daseins auszusöhnen. Aus den fast zweieinhalb Jahrtausenden nach Sophokles ist mir kein Kunstwerk bekannt, das so schonungslos Unbewusstheit analysiert - wie sie entsteht, wie sie bewahrt wird und welche Konsequenzen aus ihr folgen.

Die Sippe des Ödipus wurde durch einen Fluch der Götter gezwungen, einen psychischen Offenbarungseid zu leisten. Den Fluch hatte als erster der Vater des Ödipus, Laios, erhalten. Laios war zu diesem Zeitpunkt ein Mann in den besten Jahren und glaubte, glücklich zu sein. Er war unangefochtener Herrscher über Theben. Er war verheiratet mit einer schönen Frau. Das Volk liebte ihn. Aber Laios hatte keinen Sohn, der sein Erbe hätte antreten können. Wenn du viel besitzt, und wenn Besitz der wichtigste Inhalt deines Lebens ist, dann brauchst du einen Erben.

Darum ging Laios zu dem berühmten Orakel von Delphi. Er wollte erfahren, woran es lag, dass ihm noch kein Sohn geboren worden war und was er tün könnte, um sich diesen Wunsch zu erfüllen. Das Orakel sagte ihm ganz eindeutig, dass er einen Sohn bekommen würde. In diesem Moment muss sich Laios am Ziel seiner Träume gewähnt haben. Doch das Orakel sprach weiter. Es sagte ihm den Fluch, der sein Leben zerstören sollte: *Der Sohn, den du zeugen wirst, wird dich töten und deine Frau heiraten.*

Von diesem Moment an war das Glück des Laios dahin. Ein Satz des Orakels hatte alles zerstört. Kampf und Erhalt seiner Macht und die Befriedigung seiner körperlichen Bedürfnisse waren der bisherige Inhalt seines Lebens gewesen. Und ausgerechnet sein Sohn, den er als Erben benutzen wollte, sollte ihm das alles nun nehmen. Das Gefüge seiner Wertvorstellungen brach vollständig zusammen. Laios war unfähig, mit dieser Situation bewusst umzugehen.

Dies war der Ausgangspunkt eines geradezu gespenstischen Geschehens, dass nun zwei Generationen lang seine Sippe heimsuchen sollte. Von dem Moment an, wo der Fluch ausgesprochen war, zerfielen alle Familienbande. Über Jahrzehnte bekämpften Laios und seine Nachkommen sich gegenseitig. Sie verfolgten, schädigten und töteten einander. Dies begann mit dem eigenen Sohn. Nachdem Ödipus geboren war, beschlossen Laios und seine Frau, Iokaste, ihn im Gebirge aussetzten zu lassen, damit er dort stirbt. So wollten sie verhindern, dass sich der Fluch erfüllt. Sie wollten ihren Sohn los sein. Es ging ihnen lediglich darum, das eigene Leben, ihre Macht und ihre Vergnügungen zu erhalten. Es ging ihnen dabei ausschließlich um ihre eigenen Sorgen und Bedürfnisse, um ihre eigene Gefährdung. Auf den Gedanken, gemeinsam mit ihrem Sohn dem Fluch entgegenzutreten, sind sie nicht gekommen. Sie hätten auch zusammen einen Ausweg suchen können. Auf diese Weise hätten sie darüber hinaus ihren Sohn geschützt.

Laios und Iokaste glaubten, keine andere Wahl zu haben, als Ödipus zu beseitigen. Um zu erkennen, dass du immer wählen kannst, musst du im Leben mehr sehen als einen Kampf ums *Über*leben. Die Einsicht, nicht ausgeliefert zu sein und immer wählen zu können, wie bedrohlich das Schicksal auch zu sein scheint, ist Ausdruck eines tieferen Bewusstseins. Ein bewusster Mensch nimmt die Bedürfnisse seiner Mitmenschen selbstverständlich wahr. Dagegen spielten die Bedürfnisse ihres Kindes für Laios und Iokaste keine Rolle. Ödipus war ja von dem Fluch gleichermaßen betroffen wie sie selbst. Wie sie, so befand auch er sich in einer ausweglosen Situation. Ödipus stand am Beginn seines Lebens und wollte seinen eigenen Weg gehen. Dafür erwartete und benötigte er Unterstützung. Hätten Laios und Iokaste dies auch nur einmal in Erwägung gezogen, hätten sie vermutlich eine andere Entscheidung getroffen. Aber genau die Unfähigkeit, dies zu tun, bestimmte ihr Denken. In ihren Gefühlen spielten die Bedürfnisse des Kindes keine Rolle. So entstand Ödipus' Isolation.

Unser Verhältnis zu Kindern hat sich bis heute nicht wesentlich verändert. Heute ist es zwar verboten, Kinder zu töten. Aber die Haltung, mit der wir sie erziehen, ist noch die gleiche wie die von Iokaste und Laios zu Ödipus. Noch heute geht es nicht um die Anliegen der Kinder. Im Gegenteil. Die Kinder sind immer noch für die Bedürfnisse der Eltern da. Wir haben über diesen Mechanismus in dem Kapitel über die Kindheit (Seiten 39 bis 48) gesprochen.

Wenn Kinder von ihren Eltern nicht wahrgenommen werden, wenn ihnen gezeigt wird, dass ihre Interessen, ihre Gefühle, ihre Ansprüche niemanden erreichen, werden sie unbewusst. Sie lernen nicht, sich auf ihre eigenen Interessen, ihre Gefühle und ihre Ansprüche zu verlassen, sie überhaupt wahrzunehmen.

Diese Unbewusstheit prägte das gesamte Leben des Ödipus. Von seiner Geburt an wurde ihm deutlich gemacht: Hier geht es nicht um dich. Du kommst auf die Welt, und die, auf die du dich zuerst verlassen musst, die deine einzige Stütze sind, werden versuchen, dich zu töten. Für sie ist deine Existenz wertlos. Diese Wertlosigkeit durchtränkte Ödipus' Dasein wie Wasser einen Schwamm. Für das Wort Selbstwert gibt es ein Synonym: Selbstbewusstsein. Selbstwert besitzt du, wenn du dir selbst-*bewusst* bist. Selbstwert und Selbstvertrauen entfalten sich, wenn du nach innen schaust, wenn du dich selbst schätzt, wenn du mit dir ausgesöhnt bist. Wenn dich in der Kindheit niemand schätzte, wirst du es später schwer haben, Selbstwert zu entwickeln. Im Leben von Ödipus gibt es keine einzige Situation, keine einzige Handlung, von der Geburt an bis zu seinem Tod, die darauf hinweisen würde, dass er zur Selbstliebe und Selbstreflexion fähig gewesen wäre.

Auswirkungen dieser vollkommenen Unbewusstheit waren seine Sprachlosigkeit und sein Schweigen. Ihn umgab ein vollständiges Schweigen, das alle seine Handlungen auf eine geradezu dämonische Weise steuerte. Das erste Ereignis seines Lebens war der Versuch, ihn zu töten. Das zweite Ereignis seines Lebens war das zufällige Überleben dieses Mordanschlages. Ödipus wurde an den nachbarlichen Königshof in Korinth gebracht, wo er bei dem kinderlosen Herrscherpaar aufwuchs – ohne zu ahnen, dass er nicht deren wirklicher Sohn ist. Nun setzt das Schweigen ein. Niemand sagt ihm die Wahrheit über seine Herkunft. In seiner Jugend kommen ihm nach einer Anspielung eines eifersüchtigen Freundes Zweifel über seine Herkunft. Um zu erfahren, woher er wirklich stammt, begibt er sich zu dem Orakel von Delphi. Seine Befürchtung, nicht der wahre Thronfolger zu sein, führt ihn zu dem selben Orakel, bei dem auch schon sein Vater Laios gewesen war. Das Orakel beantwortet ihm nicht die Frage zu seiner Herkunft. Es wiederholt dagegen den Fluch, den es auch schon gegenüber Laios ausgesprochen hatte: Du wirst deinen Vater töten und deine Mutter heiraten.

Von nun an ist Ödipus isoliert. Das Schweigen tritt offen in sein Leben - und wird nie wieder verschwinden. Augenblicklich bricht er alle Verbindungen zu seiner Vergangenheit ab. Von allen, von denen er jetzt überhaupt Hilfe erwarten könnte, wendet er sich ab: von seinen vermeintlichen Eltern, von seinen bisherigen Freunden, von dem Umfeld, in dem er aufgewachsen ist. Ödipus kehrt vom Orakel von Delphi gar nicht mehr nach Hause zurück. Dabei hätte ein einziges Gespräch mit seinen vermeintlichen Eltern alles aufgeklärt. Er wäre sofort in den Kern seines Konfliktes vorgestoßen. Er hätte erfahren, dass er nicht bei seinen wirklichen Eltern aufgewachsen ist und dass er seine Blutseltern nicht kennt. Er hätte erfahren, dass er ausgesetzt worden ist und dass seine wirklichen Eltern seinen Tod wollten. Vielleicht hätte er seinen Fluch sogar als Ausdruck einer authentischen psychischen Reaktion gegen seine Eltern werten können. Ödipus hätte erkennen können, dass sich mit dem Fluch, den Vater zu töten, in Wahrheit seine Trauer über dessen brutales Verhalten ausdrückt. Den Fluch, sich mit seiner Mutter zu verbinden, hätte er als Sehnsucht durchschauen können, eine Mutter zu besitzen.

Jedenfalls hätte er nicht jahrelang angstvoll umherirren müssen. Doch er floh. Die Möglichkeit, zu vertrauen und sich gerade an diejenigen zu wenden, von denen er erzogen worden war, scheint er nicht einmal erwogen zu haben.

Was hat ihm überhaupt zu dieser Flucht getrieben? Vielleicht wollte er seine Eltern vor sich selber schützen. Möglicherweise wollte er verhindern, dass sich der Fluch erfüllt, indem er einfach verschwindet. Dies war ihm ja schon einmal unbewusst nach seiner Geburt geschehen: Er musste verschwinden, damit sich der Fluch nicht erfüllt. Wahrscheinlicher ist aber, dass er seine Eltern fürchtete. Ich glaube, er war davon überzeugt, an Leib und Leben gefährdet zu sein, würde er seinen Eltern von dem Fluch erzählen. Er muss gedacht haben, dass sie ihre Macht dann sofort gegen ihn wenden würden. Diese Gefahr muss er wie mit einem sechsten Sinn gewittert haben. Denn auch das war ihm bereits wiederfahren. Er war schon einmal ausgesetzt worden, weil er für Laios und Iokaste gefährlich schien.

Aber unabhängig davon, welches Motiv ihn trieb, entscheidend ist, dass Ödipus keine andere Möglichkeit sah, als zu fliehen. Er konnte dem Fluch nur mit Flucht begegnen. Ein Kind, das in den frühen Lebensjahren von seinen Eltern emotional vernachlässigt wird, ist später nicht in der Lage, mit Konflikten umzugehen. Es kann nicht erkennen, dass ein Konflikt etwas Verbindendes ist, dass jeder Konflikt eine Chance enthält. Daher werden Auseinandersetzungen vom Kind als etwas Gefährliches empfunden, als etwas, was es unbedingt zu vermeiden gilt. Denn das Kind kann von seinen Eltern nicht lernen, Konflikte konstruktiv zu nutzen. Es kann nicht lernen, sich von seinen Eltern zu distanzieren. Wenn du deine Eltern ausschließlich als Mangel erlebst, kannst du Distanzierung nicht üben, kannst du das Streiten nicht üben, kannst du nicht erlernen, dich auseinander-zu-setzen. Denn du bist über jede ihrer Aufmerksamkeiten froh. Du würdest mit Streit und Widerstand das Wenige gefährden, was du von ihnen erhältst. Das wäre eine existentielle Bedrohung. Ein Ertrinkender kann nicht das Tauchen üben. Er tut alles, um zu Atem zu kommen.

Deswegen erleben wir noch heute Konflikte als Zerstörungen. Zuerst weichen wir ihnen aus. Wenn das nicht mehr möglich ist, reagieren wir im zweiten Schritt aggressiv. Mit diesem Muster reagierte bereits Ödipus. Dieses Verhalten ist uns in Fleisch und Blut übergegangen. Deswegen wundert sich niemand über seine Flucht. Alle empfinden sie als selbstverständlich. Bei keinem Autor aus über zweitausend Jahren

Literaturrezeption bin ich auf die Frage gestossen: Warum geht er nicht zurück? Warum wendet er sich nicht an die, mit denen er gemeinsam betroffen ist? WARUM? Alle nehmen es als selbstverständlich hin.

Auf der Flucht vor seinen vermeintlichen Eltern begegnet Ödipus an einer Weggablung Laios, seinem wirklichen Vater. Ödipus weiß aber nicht, dass er seinen Vater vor sich hat. Ödipus steht unter großem Druck. Er ist ausgestossen, heimatlos und vermutlich in seinem Stolz zutiefst gekränkt. So begegnet er Laios, der mit wenigen Wachen unterwegs ist. Laios' Männer behandeln Ödipus von oben herab. Sie drängen ihn ab vom Weg. Ödipus explodiert. Seine ganze Wut, seine Verzweiflung, seine Ausweglosigkeit müssen in dieser Situation aus ihm herausgebrochen sein. Er tötet alle, auch seinen Erzeuger Laios. Nun könnte man sich vorstellen, dass Laios, als er getötet wird, begreift, dass sein Sohn vor ihm steht. Denn Laios kennt den Fluch. Er weiß, dass er durch die Hand seines Sohnes sterben wird. Aber er sagt nichts. In dieser Situation herrscht dieselbe gespannte Stille, mit der Laios seinen neugeborenen Sohn ausgesetzt hatte. Es ist die Stille, mit der Ödipus aufwuchs und in der er vor seiner Kindheit geflohen war. Hätte Laios nur *ein* Wort gesagt, hätten beide erkennen können, dass sie mit dem gleichen Fluch belastet sind und dass sie zusammengehören. Aber Laios schwieg.

Nach einer raffinierten Kette von Verstrickungen heiratet Ödipus dann die Frau seines Vater, seine Mutter Iokaste, die er ebenfalls nicht erkennt. Sie leben Jahrzehnte zusammen, sie lieben sich, zeugen gemeinsam schöne Kinder, führen ihr Königreich in die Blüte. Sicher dachten sie, dass sie kluge und aufgeklärte Menschen seien und sich gegenseitig vertrauten. Aber nicht ein einziges Mal reden sie über den Fluch. Beide hatten sie denselben Fluch erhalten, er ist das größte Geheimnis ihres Lebens, er ist das, was sie am stärksten bedrückt und womit sie ihre tiefsten Erfahrungen machen. Der Fluch war ihre tiefste Verbindung. Aber sie sprechen darüber nicht *ein* Wort! Ist das nicht unglaublich?

Um über dein Innerstes zu sprechen, um zu erzählen, wo dich das Leben berührt, um zu erzählen, wo du ein Ertrinkender bist, musst du wenigstens einen Funken Selbstliebe besitzen. Wenigstens im Ansatz hätte sich Ödipus auf die *innere Not* einlassen müssen, die ihm seine Situation bereitete. Die Ohnmacht, die Trauer, die Hoffnungslosigkeit hätte er spüren müssen, um mit Iokaste darüber reden zu können. Aber er schwieg. Beide schwiegen. Sie waren sich selbst gegenüber vollkommen verschlossen.

In der Blüte seiner Herrschaft wird Ödipus vom Schicksal gezwungen, seine Wahrheit zu erkennen. Die Götter gehen in die Offensive. Sie schaffen eine Situation, in der Ödipus nicht mehr ausweichen kann. Theben wird von einer Pest befallen. Das Orakel verkündet, die Stadt könne nur von der Pest befreit werden, wenn der Mörder des Laios gefunden und die Tat gesühnt ist. Sophokles schildert diese Situation in seinem packenden Drama *„König Ödipus"*. Er beschreibt darin, wie Schritt für Schritt die Wahrheit über Ödipus ans Licht kommt, *und wie Ödipus sich verzweifelt wehrt.* Genau dieser Widerstand ist Kern der Tragödie. Die ganze Spannung, das Erschütternde der Handlung entfaltet sich dadurch, dass Ödipus die Wahrheit nicht sehen will, dass er immer wieder einen mentalen Haken schlägt, um nicht erkennen zu müssen, was das Schicksal ihm zeigt. Die Dramaturgie des Stückes würde in sich zusammenbrechen, wenn Ödipus nachgeben würde, wenn er hinsehen würde. Vor den gebannten Augen des Lesers oder Zuschauers entrollt sich eine atemberaubende Handlung, in der Ödipus von einer unnachgiebigen Hand die Masken seiner Selbstverleugnung heruntergerissen werden.

Zuletzt scheint es, als bliebe Ödipus keine Wahl mehr. Er wird gezwungen zu erkennen, was in seinem Leben geschehen ist. Er wird gezwungen zu sehen, was er getan und was man ihm angetan hat. Während dies geschieht, während er sich selbst erkennt und sich zugleich offenbaren muss, sieht das gesamte Volk ihm zu. Nun wissen alle über ihn Bescheid. Aber auch in diesem Moment flieht er wieder vor sich selber. Sogar jetzt findet er einen Weg, um nicht hinsehen zu müssen: Er geht in den Palast, nimmt eine Spange von Iokaste und sticht sich damit die Augen aus. - In dem Moment, als alles sichtbar wird, blendet er sich. Er erträgt es nicht, seine Wahrheit zu sehen.

Dutzende Schriftsteller, Kunsthistoriker und Psychologen haben diesen Schritt des Ödipus gedeutet als einen Schritt hin zur Einsicht. Sie behaupten, dass mit seiner Blendung in ihm ein Selbsterkenntnisprozess eingesetzt hätte. Durch den Verlust des Augenlichts sei er gezwungen worden, seine innere Wahrheit zu erkennen. Das ist jedoch ein Irrtum! Schicksalsschläge können bewirken, dass du tiefer blickst und bewusster wirst. Aber dazu *muss* es nicht kommen. Bewusstwerdung geschieht auch nach einem Schicksalsschlag nicht von allein. Du musst dich dafür bewusst entscheiden. Das Schicksal allein bewirkt gar nichts. Es braucht deine Mitwirkung. Du kannst dich auf seine Botschaften einlassen oder stur bleiben. Ödipus blieb stur. Die entscheidende Aussage des Mythos ist, dass Ödipus *nie* bewusst wird. Seine Unbewusstheit wird vorgeführt, sie wird geradezu seziert.

Als hätte Sophokles diese Diskussion vorausgeahnt, machte er in seinem Text dazu eine klare Aussage. Sophokles lässt einen Sklaven erscheinen, der aus dem Palast tritt und dem Volk von der Selbstblendung des Ödipus´ berichtet. Ödipus habe bei der Selbstblendung geschrieen, seine Augen sollen ...
„...weder was ihm widerfuhr, noch was er tat, erblicken. Nichts von all der Schmach!... So die Verwünschung, ***viele Male*****!“*

Ödipus blendet sich nicht, um zu sehen, um bewusster zu werden. Er blendet sich, um nicht zu sehen. Er will blind *bleiben.* Jemand, der bereit ist, mit Bewusstheit zu reagieren, der bereit ist zu akzeptieren, muss etwas so Törichtes wie diese Selbstverstümmelung nicht tun.

Ödipus´ Selbstverstümmelung ist gerade kein Ausdruck einer höheren Erkenntnis. Sie ist einfach nur Ausdruck seiner Blindheit. Unter dem Druck der Ereignisse wurde seine innere Blindheit äußerlich sichtbar. Sophokles untersucht den Menschen, der sich *wehrt* zu erkennen. Der eigentliche Inhalt dieses Mythos´ ist nicht der Fluch sondern die *Fluch*t des Ödipus´. In der deutschen Sprache unterscheiden sich diese beiden Worte nur durch einen einzigen Buchstaben.

---

* Hervorhebung von mir

Am deutlichsten wird die Unbewusstheit des Ödipus in dem Konflikt sichtbar, den er kurz vor seinem Tod mit einem seiner Söhne, Polyneikes, austrug. Seine zwei Söhne stritten sich um den Thron von Theben. Eine alte Weissagung hatte verkündet, dass derjenige König werden würde, der die Unterstützung des blinden Ödipus´ erhalten würde. Polyneikes sucht den Greis Ödipus auf, um ihn zu einer Rückkehr nach Theben zu bewegen. Als Ödipus sich weigert, setzt Polyneikes ihn unter Druck. Er droht im an, seine Töchter zu entführen, die den blinden Ödipus begleiten. Ödipus ist empört. Aber er ist nicht nur empört, in dieser Situation bricht aus ihm auch die Verbitterung über sein Schicksal heraus. Ödipus sagt zu Polyneikes: *„Du hast mir das Elend auferlegt, hast mich verstoßen. Deine Schuld ist es, dass ich so umherirre."* Den ganzen Zorn seines Lebens richtet er gegen seinen Sohn. Ödipus sagt: *„Ich spei dich aus, ich bin nicht mehr dein Vater. Erzschurke du, nimm diese Flüche mit."* - er verflucht beide Söhne. Ödipus verflucht sie, sich gegenseitig im Kampf um die Krone zu töten.

Du bist ausgespien, du bist nicht mein Sohn, du bist verflucht – mit dem Fluch gegen seinen Sohn wiederholt Ödipus das eigene Kindheitstrauma. Laios glaubte, dass Ödipus sein Problem sei. Ödipus glaubte, dass Polyneikes sein Problem sei. Unbewusste Menschen glauben immer, andere Menschen seien ihr Problem. Auf diese Weise übertragen sie ihre Traumata von einer Generation auf die nächste. Bereits vor 2400 Jahren hat die Menschheit dies gewusst.

Ödipus wirft seinem Sohn vor, ihn ausgestoßen zu haben. In Wahrheit war er dagegen von seinem Vater ausgestoßen worden. Der Fluch hatte ihn aus seiner Familie ausgestoßen. Und aus Theben hatte er sich selbst ausgestoßen. – Polyneikes hatte damit nichts zu tun. Es war Ödipus´ eigenes Schicksal. Und nun, kurz vor seinem Tod, beschuldigt er den Sohn. Ödipus hat bis zu seinem Lebensende sein Schicksal nicht angenommen.

Der Moment, wo sein Sohn ihn um Hilfe bat, hätte für beide sehr kostbar sein können. Ödipus hätte Polyneikes helfen können. Der wurde in seinem Kampf um die Macht von den gleichen Eitelkeiten, von dem gleichen Stolz getrieben, die auch Ödipus´ Jugend bestimmt hatten. Ödipus hätte ihm helfen können, dies zu erkennen und damit bewusster umzugehen. Die Gelegenheit dazu war groß. Denn Polyneikes brauchte Hilfe und war offen für die Worte seines Vaters.

Selten bieten sich Situationen, in denen man einem anderen Menschen helfen kann, etwas über sich selbst zu verstehen. Ödipus kann die Gunst der Stunde nicht erkennen. Er kann die Chance für seinen Sohn nicht nutzen, sowie er seine eigene Chance nicht nutzen konnte. Wie hätte er Polyneikes verstehen sollen? Blieb er doch für sein eigens Schicksal blind.

Eine kleine Geschichte verdeutlicht, wie ein bewusster Mensch einem anderen hilft, sich wahrzunehmen. Ein Samurai-Kämpfer besuchte einen weisen ZEN-Meister. Er bat den alten Mann, ihm zu erklären, was der Himmel und was die Hölle ist. Der Meister sah den hochgerüsteten Krieger von oben bis unten an und sagte. „Du bist nichts als ein ungehaltener Flegel. Mit solchen Trotteln wie dir vergeude ich keine Zeit."
Da erfasste den Samurai rasende Wut. Er zog sein Schwert und sagte: „Für diese Kränkung sollst du sterben."
Der Meister sah gelassen zu dem Krieger.
„Siehst du," sagte er, „das ist die Hölle."
Verblüfft darüber, wie hier mit ihm umgegangen wurde und wie intensiv er plötzlich seinen Zorn wahrnahm, hielt der Krieger inne. Er schob sein Schwert in die Scheide, verbeugte sich und bedankte sich für die Lektion.
„Siehst du," sagte der Meister, „und das ist der Himmel."

Der Meister konnte in dieser Situation dem Krieger etwas *geben*. Er war für *ihn* da. Das ist das Geheimnis der Güte. Ödipus konnte für seinen Sohn nicht dasein. Er benutzte ihn für seinen Zorn und sein Selbstmitleid. Ödipus vollführt den üblichen Missbrauch von Eltern an ihren Kindern.

Der ZEN-Meister musste die Angst vor Ablehnung, die Eitelkeit, jede Bemühung, akzeptiert zu sein, überwunden haben. Mit seiner Todesangst musste er ausgesöhnt sein, um dem Krieger so ruhig zu begegnen. Von dieser inneren Mitte aus konnte er erkennen, was der Samurai suchte. Er konnte erkennen, dass er eine *Erfahrung* brauchte. Er gab ihm diese Erfahrung. Von seiner inneren Mitte aus konnte er die Chance ergreifen, die sich bot.

In den letzten Stunden von Ödipus' Lebens gibt es ein fast unauffälliges Ereignis, welches noch einmal wie ein Schlaglicht seine Hilflosigkeit beleuchtet. Zu diesem Zeitpunkt befindet er sich in einem heiligen Hain in der Nähe Athens, wo er auch sterben wird. Er spricht mit einer Gruppe von Athenern, die ihn helfend aufnehmen und ihn vor seinem Sohn Polyneikes schützen. Ihnen erzählt er über sein Leben und über seinen Tabubruch. Er erzählt, dass er unwissentlich seinen Vater tötete und mit der Mutter die Töchter zeugte, die ihn hier begleiten. Sophokles lässt ihn zu den Athenern einen Satz sprechen, mit dem er sein Schicksal rechtfertigen will: „Als unbewusstem Täter gebührt mir Freispruch."

In diesem Satz drückt sich konzentriert die gesamte Tragik von Ödipus aus. Zwei Dinge spricht er hier an, ohne sie zu durchschauen: Ein Mensch, der seine Bedürfnisse, Empfindungen und Motive nicht kennt, ist abhängig von der Meinung anderer Menschen. Für ihn, für seinen Selbstwert und seine Sicherheit sind das Wohlwollen und die Vergebung der anderen äußerst wichtig. Diese sind sogar lebensnotwendig. Wer nicht von innen her lebt, muss außen Halt finden. Ödipus hatte Unglaubliches erfahren. Er durchlitt Dinge, an denen andere zugrunde gegangen wären. Er könnte aufrecht jeder Gefahr und jeder Schicksalswendung ins Gesicht blicken. Aber er bittet um Freispruch. Ödipus bettelt immer noch um Zuwendung. Er ist infantil geblieben.

Zum anderen nimmt Ödipus seine Unbewusstheit als Schutzargument für sich in Anspruch. Genau das ist sein Dilemma. Unbewusste Menschen glauben daran, dass es Schuld und Strafe gibt. Sie leben mit dem beständigen Gefühl, sich für ihre Taten und für ihre Erlebnisse *rechtfertigen* zu müssen. Unbewusstheit und Täter sein sind Synonyme. *Ein unbewusster Mensch ist immer Täter.* Ein Bewusster ist es nicht mehr. Hätte Ödipus die Grundwahrheiten seines Lebens und die dazugehörigen Empfindungen akzeptiert, wäre er kein Täter mehr geworden. An der Weggablung, als ihn die Wachen des Laios aus dem Weg drängten, hätte er nicht in Jähzorn ausbrechen und alle töten müssen. Mit Iokaste, der Frau, mit der er lebte, hätte er von dem größten Geheimnis seines Lebens sprechen können. Beide wären nicht blind in die Katastrophe getappt. Vor allem aber wäre er jedem Schicksalsschlag, auch einem solchen Fluch, von einer inneren Mitte her, mit Wissen und mit Güte begegnet. Auch wäre er seinem Sohn mit Güte begegnet. Ödipus hätte erkannt, dass der Fluch eine unerhörte Chance für Wachstum ist.

Unbewusst bist du unfrei. Du glaubst, die Freiheit außen erlangen zu müssen. Du glaubst, sie von irgend jemandem zu erhalten. Wenn du dich selbst durchschaut hast, kommt die Freiheit von innen. Dann musst du sie von niemandem mehr erbitten und niemand kann sie dir nehmen.

Diese Bitte: „Als unbewusstem Täter gebührt mir Freispruch." ist von einer solchen Präzision und Tiefe, dass naheliegt, Sophokles sei nicht nur ein großer Künstler sondern auch ein spirituell Wissender.

Hätte Ödipus nach innen geschaut, hätte er zunächst die Gefühle entdeckt, die die ständig wiederkehrenden Schicksalsschläge in ihm auslösten. Immer wieder erlebte er ähnliche Dinge. Als Neugeborener wurde er von seinen Eltern ausgestoßen. Der Fluch isolierte ihn ein weiteres Mal. Als in Theben sein Schicksal und seine Identität offen zu Tage traten, wurde er gleich doppelt ausgestoßen – von den Thebanern, die ihn nicht mehr in der Stadt duldeten sowie durch seine eigene Entscheidung, sich zu blenden. Sein Leben lang begegnete er dem Thema Isolation. Vermutlich war die wichtigste Empfindung, die er sich nicht bewusst machen konnte, Ohnmacht. Vielleicht war sie gepaart mit dem Gefühl von Minderwertigkeit oder Einsamkeit oder beidem. Aber sein Grundgefühl war wohl Ohnmacht. Dies lässt sich vermuten, da Ödipus Sicherheit im Gegenpol zur Ohnmacht suchte. Er suchte sie in dem Gefühl der Macht. Er wurde König und empfand diese Zeit als glücklich. Wenn er seine Macht bedroht sah, wurde er aktiv. Als junger Mann verließ er seine vermeintlichen Eltern und ging zum Orakel von Delphi, nachdem ihm gesagt worden war, er sei nicht der wahre Thronfolger. Seinem Schwager Kreon und dem alten Seher Thairesias wirft er vor, sie hätten ein Komplott geschmiedet, um ihn vom Thron zu verdrängen. Später versucht sein Sohn Polyneikes über ihn, den erblindeten Vater, Macht zu bekommen. Darauf gerät er in rasenden Zorn. Er wurde immer aktiv, wenn er seine Macht bedroht sah. Deswegen glaube ich, dass er Ohnmacht fürchtete. Sie wollte er nicht sehen, sie wollte er nicht zulassen.

So war er ein Leben lang auf der Flucht. Äußerlich war er auf der Flucht vor dem Fluch und vor seinen Eltern, innerlich auf der Flucht vor dem, was er wirklich erlebte – vor dem, was der Fluch in ihm auslöste. Diese innere Flucht war seine wirkliche Flucht. Sie bestimmte sein Leben. Die äußere Flucht war dagegen nur eine Folge seiner inneren Flucht.

Ödipus hätte, unterstützt durch diesen Fluch, so tief wie nur wenige Menschen in die Erfahrung vordringen können, was Einsamkeit und Isolation wirklich bedeuten. Er hätte sich darauf einlassen können, dass der Mensch allein und dass dies der Ausgangspunkt aller Erfahrungen ist - auch der Erfahrung von Nähe. Jesus und Buddha waren in die Wüste gegangen. Sie hatten sich selbst isoliert, um zur Wahrheit zu gelangen. Sie setzten sich der Isolation bewusst aus, um zu sich selbst vorzudringen. Diese Chance bekam Ödipus mit dem Fluch geboten. Die Götter versuchten, ihm mit allen Mitteln auf diesem Weg zu helfen. Sie bemühten sich, ihn darauf hinzuweisen, dass er etwas Wichtiges erlebt, dass er die Möglichkeit erhalten hat, zu verstehen, was es heisst, Mensch zu sein. Schon am Tor zum Orakel von Delphi, als er noch ganz jung war und von seinem Fluch erfuhr, gaben sie ihm einen ersten Hinweis: Über dem Eingang zum Heiligtum steht – wie für ihn - in Stein gemeißelt der berühmte Satz: *Erkenne dich selbst.* Kurze Zeit darauf, bevor er Theben erreichte, wo er König werden und seine Mutter ehelichen würde, begegnete er dann der Sphinx. Sie stellte ihm ein Rätsel: Was ist das? Es geht am Morgen auf vier, am Tag auf zwei und am Abend auf drei Beinen. Die Antwort lautet: Der Mensch. Ödipus löste das Rätsel.

Die Sphinx war in Wahrheit kein Ungeheuer. Auch sie war von den Göttern gesandt worden. Sie war eine Botin. Sie wurde Ödipus geschickt, damit er erkenne, worum es für ihn geht. Noch einmal wollten die Götter ihm sagen, dass er den Fluch nicht als Bedrohung oder als Strafe sehen müsse. Sie wollten, dass er innehält, dass er aufhört zu kämpfen. Aber Ödipus löste das Rätsel, ohne etwas zu verstehen. Er erkannte nicht, was es für ihn bedeutet, ein Mensch zu sein. Für ihn war die Begegnung mit der Sphinx ein Kampf und ein Sieg, die ihm den Thron von Theben brachten und auf die er stolz war. Unbewusste Menschen wollen kämpfen und siegen. Zugleich zieht das Leben unerkannt an ihnen vorbei. Ödipus konnte die Botschaft der Sphinx nicht deuten. Ein Leben lang war er nicht in der Lage, Botschaften zu deuten.

Ödipus, wie auch seinen Eltern, ist nicht *einmal* in den Sinn gekommen, dass in dem Götterspruch ein Sinn enthalten ist. Sie empfanden sich als so klein und minderwertig, dass sie sich lediglich als Verfluchte und als Opfer wahrnahmen, ohne je zu ahnen, dass sie Auserwählte sind.

Jeder Mensch ist ein Auserwählter. Als Neugeborener besitzt er alle Chancen dieser Welt. Deswegen ist es entscheidend, unseren Kindern zu zeigen, wie wichtig ihre eigenen Erfahrungen und ihre eigenen Sichtweisen sind. Ihnen deutlich zu machen, wie sehr uns ihre Innenwelt interessiert, uns an ihr zu erfreuen und sie aktiv zu spiegeln. Der Neugeborene benötigt Mut, um in dieser Welt zu sich selbst zu stehen.

Einige Stämme der australischen Aborigines haben einen interessanten Brauch. Sie begrüßen ihre neugeborenen Kinder mit dem Satz:

> *„Wir lieben dich, und wir begleiten dich auf deinem Weg."*

Unsere Erziehungsmethode, die den Struwwelpeter hervorbrachte, ließe sich so formulieren: Wir misstrauen dir und werden mit aller Macht deinen Willen brechen.

Die Aborigines haben etwas Wichtiges erkannt: Jedes Kind betritt als vollkommenes Wesen die Welt, um eigene Erfahrungen zu machen.

Es gehört *nicht* den Eltern, aber es benötigt von ihnen Unterstützung. Es braucht jemanden, der es versteht und der ihm hilft. In dieser Begrüssungsformel der australischen Ureinwohner verbirgt sich eine tiefe Einsicht in das Wesen des Menschen:

Wir lieben dich, und wir begleiten dich auf deinem Weg.

Wäre Ödipus in seiner Kindheit oder Jugend auch nur *einem* Menschen mit einer solchen Sichtweise begegnet, wäre es ein Segen für ihn gewesen - für die Erfahrung, die ihm bevorstand.

Kapitel 3
Das dritte Geheimnis der Freiheit
(Bewusst werden)

Wertfrei sein

Zu einer Zeit, als die Menschen noch Götter waren, beschloss der oberste Gott, Brahma, ihnen ihre Macht für einige Zeit zu entziehen und sie in Menschen zu verwandeln. Er wollte sie von ihrer Kraft und von ihrem Wissen trennen, damit sie diese bewusster wertschätzen und nutzen lernten. In Wahrheit kann man niemandem die Göttlichkeit wegnehmen. Man kann sie verschleiern, für einige Zeit unkenntlich machen – aber endgültig entziehen kann man sie nicht. Brahma berief den obersten Götterrat ein mit dem Ziel, ein zuverlässiges Versteck zu finden, um die entzogene Göttlichkeit vor den Menschen zu verbergen.

„Verstecke sie auf dem höchsten Berg", sagte einer der Götter.

„Die höchsten Berge sind kein wirkliches Hindernis für die Menschen, dort werden sie schneller hinkommen, als ihr glaubt", antwortete Brahma.

„Dann vergrabe sie tief in der Erde", sagte ein anderer Gott.

„Auch das wird nichts helfen, sie werden die Göttlichkeit dort ganz schnell aufspüren," antwortete Brahma.

„Dann versenke die göttliche Kraft in die tiefsten Stellen des Meeres".

„Das klingt schon besser," sagte Gott. „Aber auch das Meer ist für sie kein dauerhaftes Hindernis. Irgendwann finden sie ihre Göttlichkeit auch dort wie einen versunkenen Schatz."

Sie suchten lange nach einer Idee, bis ihnen plötzlich die Lösung einfiel: „Wir verstecken die Göttlichkeit *in* den Menschen selber. Dort werden sie sie nicht vermuten."

„Ja," sagte Brahma, „so machen wir es. Dort wird keiner suchen."

Damit schien diese Frage gelöst. Doch Brahma erkannte bald, dass dies noch nicht ausreichte. Es würde nicht genügen, die Göttlichkeit in den Menschen zu verstecken. Es musste verhindert werden, dass sie überhaupt nach innen schauen und dort suchen. Sie sollten beim Eintritt in das irdische Leben vergessen, dass sie eigentlich alles wissen. Aber wie konnte man das erreichen? Wie konnte man die Menschen dazu bringen, nicht nach innen zu schauen?

Die Götter suchten lange nach einer Lösung. Schließlich kam ihnen eine geniale Idee. Sie erfanden zwei Gefühle, die die Menschen hindern würden, sich selbst ernst zu nehmen. Sie gaben ihnen die *Schuld* und die *Scham*. Dahinter verbirgt sich eine ganz elementare Überlegung: Wer sich schämt und sich schuldig fühlt, denkt darüber nach, was andere von ihm denken und von ihm erwarten. Schuld und Scham fixieren ihn auf andere Menschen. Sie fixieren ihn auf äußere Werte. Sie verhindern damit den Blick auf sich selbst.

Es ist der Sinn aller moralischer Regeln, den Blick nach innen zu verhindern. Es ist der Sinn der Bewusstwerdung, den Blick nach innen wiederzufinden.

Moral verhindert Wahrnehmung. Verhinderte Wahrnehmung erleben wir als Angst. Deswegen erzeugt Moral immer Angst. Zumeist ist dies auch ihr direktes Ziel. Politische Diktaturen, die notgedrungen ihre Macht auf der Angst der Menschen begründen, formulieren extreme moralische Ansprüche. So erzeugen sie die notwendige Angst.

Du kannst nicht bewusst werden, du kannst kein erfülltes Leben führen, solange es Dinge gibt, die du für schlecht oder gut hältst. Denn damit lehnst du das größte Geschenk ab, das Gott dir mit auf deinen Weg gab: die Wahlfreiheit. Was du verurteilst, kannst du nicht mehr wählen.

Die Freiheit zu wählen, ist die Grundlage für Erfahrungen. Schon das Inkarnieren an sich entsprang deiner Wahlfreiheit. Du hast dich entschieden das Gegenteil des Göttlichen zu erforschen: die Enge, die Sorge, den Kampf um die Existenz. Auf diese Weise machst du zugleich Erfahrungen mit Liebe, Mitgefühl und Vergebung. Du kannst göttliche Wahrheiten nicht erfahren, wenn du ihr Gegenteil ablehnst. Dein irdisches Leben bietet dir gerade die Möglichkeit, diesen Gegenpol zu erforschen. Indem du das Gegenteil der Wahrheit erforschst, erkundest du die Wahrheit. Du verstehst Licht, indem du Dunkelheit erfährst. Du verstehst Nähe, indem du Erfahrungen mit Isolation machst, du verstehst Lebenskraft, indem du die Möglichkeit einschließt, kraftlos und krank zu sein.

Damit du dich tief auf die Welt einlässt, und damit du den Erfahrungen hier nicht zu schnell ausweichst, ist die Welt so undurchdringlich, schwerfällig und träg. Du kannst sie kaum manipulieren, du bist ihr ausgesetzt. Und du bist an deinen Körper gebunden. Du bist so sehr an ihn gebunden, dass du glaubst, du seist der Körper. Du benötigst tiefere Bewusstheit, um zu erkennen, dass dies eine Täuschung ist. Aber da du glaubst, du würdest verletzt, wenn dein Körper verletzt wird, du erlittest einen Mangel, wenn er einen Mangel erleidet - fühlst du dich in ihm der Welt wirklich ausgeliefert. Dein Körper kann sehr großen Druck auf dich ausüben. Wenn du einige Stunden nichts isst, bekommst du Hunger. Erst hast du Appetit, dann hast du Hunger. Wenn du ihn nicht bedienst, wird dein Körper sehr nachdrücklich. Er lässt dich nicht mehr in Ruhe. Er quält dich, er macht Druck, er stört dich bei allen Vorhaben. Spätestens nach ein oder zwei Tagen wird er zum Terroristen. Wenn du dann immer noch nicht parierst, bedroht er dich damit, zu sterben. Noch drastischer führt er dir deine Grenzen vor mit dem Durst. Er bedroht dich spätestens nach zwei Tagen mit dem Tod. Radikal verweist dich dein Körper in die Grenzen mit der Notwendigkeit zu atmen. Schon nach wenigen Minuten ohne Atem befindest du dich im Überlebenskampf.

Die Zeit ist ein Bestandteil dieser Enge und Trägheit der materiellen Welt. Die Seele selbst kennt keine Zeit. Sie ist zeitlos. In tiefer Meditation kannst du erfahren, dass Zeit nicht wirklich existiert. Ohne deinen Körper gibt es keine Zeit. Sobald die Seele aber inkarniert, ist sie an die Zeit geschmiedet wie Prometheus an den Kaukasus. Alle höheren Lebewesen tragen innere Uhren in sich, in jeder Zelle ihres Körpers. Sie geben einen Takt, einen Rhythmus vor, den wir als

Zeit erleben. Schon wie ein einfacher Computer nicht ohne inneren Taktgeber funktionieren kann, gilt dies erst recht nicht für ein lebendiges Wesen. Unser gesamtes Dasein ist von Zeit durchdrungen. Wir brauchen sie, um Erfahrungen zu machen. Sie ermöglicht uns dies mit einer unerhörten Eigenschaft: Zeit lässt sich nicht umkehren. Zeit fließt immerzu in *eine* Richtung. Diese Eigenschaft besitzt der Raum nicht. Du kannst jeden Ort immer wieder betreten. Du kannst vor und zurück, so oft du willst. Der Raum ist vollkommen symmetrisch. Die Zeit ist es nicht. Manchmal wünschen wir, die Zeit umdrehen zu können. Ein Kind lässt eine Tasse fallen, die dabei zerbricht. Das Kind fürchtet die Wut der Mutter. Am liebsten würde es das Ereignis ungeschehen machen. - Wenn es könnte, würde es die Zeit umdrehen. Aber das geht nicht. Ein anderes Beispiel: Du streitest mit deinem Partner. Du wirst wütend und sagst das eine Wort, das die Beziehung für immer verändert oder sie sogar zerstört. Du bist betroffen, das wolltest du nicht. Du würdest es am liebsten ungeschehen machen. Aber das ist nicht möglich. Es ist geschehen. Die Zeit ist vorbei. Alle unsere Handlungen werden bedeutsam dadurch, dass wir die Zeit nicht umdrehen können. Da Zeit immer nur in eine Richtung fließt, sind wir gezwungen, Schicksal zu erleben.

Die Polarität der materiellen Welt zieht uns ähnlich wie die Zeit in unsere Erfahrungen hinein. Wie ein Sumpf verschlingt die Polarität alles, was einmal darin eingetaucht ist. Denn du kannst keinen Aspekt des Daseins erfahren, ohne auch dem dazugehörigen Gegenpol zu begegnen. Du kannst nicht machtvoll agieren, ohne der Ohnmacht zu begegnen. Wenn du Nähe erlebst, kannst du der Distanz nicht ausweichen. Wenn du Bewusstheit anstrebst, wirst du Erfahrungen mit Unbewusstheit machen.

Was würdest du erreichen, wenn du plötzlich einen Teil dieser Polaritäten verurteiltest? Wohin führt es zu glauben, dass Gott dir etwas verbieten würde? Dies ist so absurd, als hätte er gesagt, ich gebe dir Essen, aber ich verurteile den Hunger, ich gebe dir zu trinken, aber meide den Durst. Gott gab uns die Polarität, damit wir uns auf sie einlassen. Wir erfahren das Leben, indem wir seine Pole durchleben. Das Dasein ist ein ständiges Wechseln zwischen den Polen. Ein ständiges

Ein-und Ausatmen. Wenn du einen Teil davon verhindern könntest, würde das Leben aufhören.
Es ist unmöglich, nur eine Seite der Medaille zu besitzen. Du hältst immer zwei Seiten in der Hand. Wenn du das erkannt hast und dich gezielt auf beide Seiten deiner Polaritäten einlässt, dann gewinnt dein Leben an Tiefe. Du kannst die größte Nähe zu anderen erfahren, wenn du auch Einsamkeit zulässt. Du kannst äußerst erfolgreich sein, wenn du bereit bist, dich auch als erfolglosen Menschen zu lieben. Du kannst unbegrenzten Mut entwickeln, wenn du bis in den letzten Winkel Feigheit kennst und nicht mehr verurteilst. Du kannst ein machtvoller Mensch sein, wenn du beide Pole, Macht und Ohnmacht nicht mehr fürchtest.

Und umgekehrt, wenn du dich als einsamen Menschen nicht ertragen kannst, wirst du Nähe zu anderen nicht erleben können. Denn dann werden deine Beziehungen von der Sorge geprägt bleiben, wieder allein zu sein. Wenn du Erfolglosigkeit fürchtest, wird dich der Erfolg meiden wie der Teufel das Weihwasser. Wenn du dich als Feigling nicht ausstehen kannst, wird dein ‚Mut' in Wahrheit eine anhaltende Flucht vor Niederlagen sein.

Wir machen die tiefsten Erlebnisse, wenn wir die Pole zulassen und am weitesten in beide Richtungen ausschreiten. Folgende Erfahrung wird dir bekannt sein: Wenn du dich von jemandem trennst, den du liebst, erlebst du ihn am intensivsten. Vertrauen und Vertrautheit entstehen gerade in Auseinandersetzungen oder sogar im Streit. Unternehmer berichten häufig, dass nach den größten Niederlagen und Rückschlägen plötzlich der Erfolg kam. Viele Menschen finden durch das Erlebnis einer schweren Krankheit zu einem unerschütterlichen Vertrauen in ihre Lebenskraft. Bei jedem Spiel, auf das wir uns einlassen, setzen wir uns der Gefahr aus, zu verlieren. Aber gerade deswegen macht uns das Siegen Spaß.

Tief in dir weißt du das alles. Deine Seele, die den Schritt in die Materie gewählt hat, weiß darüber Bescheid. Sie weiß, dass der Reichtum des Lebens gerade in dessen Gegensätzen liegt. Deine Seele weiß, dass du Fülle erleben wirst, wenn du bewusst durch die Gegensätze gehst. Sie versucht, dir dabei zu helfen. Sie spricht zu dir. Sie spricht zu dir, wenn du still wirst. Sie spricht zu dir, wenn du zuhörst, wenn du lauschst. Sie spricht zu dir über deine Gefühle, über deine Assoziationen und Träume. Manchmal lässt sie andere Menschen zu dir Dinge sagen, die in Wahrheit ihre Botschaften sind. Sie will dir vor allem zeigen, dass du nichts verurteilen musst. Sie sagt dir immer wieder, du musst nichts fürchten. Sie sagt dir: Lasse dich ein! Du bist da, du bist inkarniert, und nun nutze deine Chance. Sie kennt den Zusammenhang, in dem du mit deinen Handlungen und mit deinen Erfahrungen stehst. Sie weiß darüber Bescheid, auch wenn du glaubst, die Übersicht verloren zu haben. Auch wenn du mitten in der Dunkelheit stehst, wenn du glaubst, von jeder Hilfe getrennt zu sein, wenn du den Lebenssinn verloren hast oder wenn du dich selbst verurteilst – sie weiß, was geschieht und warum es geschieht. Sie weiß, dass niemand etwas über Liebe erfahren kann, wenn er keine Angst kennenlernt. Sie weiß, dass niemand Kraft und Lebendigkeit erfahren kann, ohne sich auf Schwäche und Hilflosigkeit einzulassen. Sie weiß, dass niemand etwas über Güte und Bosheit begreifen kann, wenn er nie selber böse sein dürfte und wenn er selber nie der Bosheit ausgesetzt war. Sie weiß: Es gibt in Wahrheit nichts, was gemieden und verdammt werden muss.

In der größten Bosheit und in der damit verbundenen Isolation steckt als Gegenpol das tiefste Wissen über Nähe und Güte. Unsere Welt ist da, um das zu erfahren.

Aus diesen Gründen kannst du Gott auch nie verlieren. Gott ist mit dir, in dir. Du kannst nie aus seinem Licht treten. Du kannst dich auch nicht von ihm abwenden. Das ist unmöglich. Selbst wenn du glaubst, du hättest dich von ihm abgewandt. Dann kannst du so leben, als hätte er dich verlassen. Dein Leben wird sich dann entsprechend anfühlen. Gott wird die Erfahrungen, die du damit machst, sehr genau beobachten. Sie interessieren ihn. Aber aus seinem Licht fallen, von ihm abgelehnt oder verurteilt werden, kannst du dennoch nicht. Gott ist in dir. Du bist sein Kundschafter, du kreierst für ihn die Welt. Du bist ein Teil von ihm, immer und überall. Dies ist eine der Kernbotschaften der Bergpredigt: *„Gott lässt die Sonne scheinen über den Guten und den*

Bösen." Dies ist weder eine Aussage über Gleichmacherei, noch über Gnade und Vergebung. Die Botschaft ist: Es gibt überhaupt nichts zu vergeben. Gottes Gnade besteht darin, dass er Gnade und Vergebung überhaupt nicht benötigt. Aus seiner Sicht sind sie absurd.

Nicht einmal der Teufel will dich bedrohen, solange du ihn nicht in diese Rolle drängst. - Ein alter Zen-Mönch spürt, als der Tod naht, dass er noch Schuldgefühle mit sich herumschleppt, die ihn trotz vieler Bemühungen, trotz vieler Meditationen nicht verlassen haben. Da Zen-Mönche wissen, dass sie nach dem Tod genau das erleben, an was sie glauben, befürchtet der Mönch, unweigerlich in die Hölle zu kommen. Er weiß, da er das Leben nicht nutzen konnte, um sich mit seinen Schuldgefühlen auszusöhnen, wird er sie auch nach dem Tod noch fürchten. Darum glaubt er, warte die Hölle auf ihn. Plötzlich steht er tatsächlich vor dem Höllentor. Er klopft an. Das Tor öffnet sich. Dahinter sieht er einen wunderbaren weißen Sandstrand mit einem herrlichen türkisfarbenen Meer. Am Strand laufen die schönsten Frauen in luftiger Bekleidung umher. Dann sieht der Mönch den Teufel, der gelassen im Sand liegt mit einem kühlen Drink in der Hand. Als der Teufel den verunsicherten Mönch bemerkt, sagt er zu ihm:
„Leg dich neben mich, hier ist es wunderschön."
Der erstaunte Mönch legt sich neben den Teufel. Eine der schönen Frauen kommt auf ihn zu und gibt ihm einen Drink. Der Mönch nimmt das Glas und schaut halb ängstlich, halb verwundert um sich. Nach einiger Zeit steht er auf.
„Ich möchte die Hölle etwas kennen lernen", sagt er zum Teufel, „ich werde am Strand spazieren gehen".
„Ja," sagt der Teufel, „geh nur, schau dir alles an. Wenn du wieder zurück bist, genießen wir hier weiter".
Der Mönch erreicht nach einiger Zeit eine abgelegene Bucht. Dort entdeckt er einen tiefen Krater, aus dem Feuersbrünste, Schwefelgestank und merkwürdige Geräusche aufsteigen. Erschrocken läuft er zum Teufel zurück.
„Mir gefällt es hier eigentlich ganz gut," sagt er, „aber da hinten in der Bucht ist ein Krater mit Feuer und Gestank. Das ist ein entsetzlicher Ort. Ich habe furchtbare Hilfeschreie gehört von Menschen, die dort offenbar gequält werden".

„Ach, darüber musst du nicht weiter nachdenken," antwortet der Teufel. „Kümmere dich nicht darum. Das ist für die Christen. Die wollen das so."

Du trägst die Hölle in dir - wenn du an sie glaubst. Das Böse existiert nur solange, wie du daran glaubst. In Wahrheit ist nicht einmal der Teufel böse. Er ist lediglich Bestandteil der Polarität. Wenn du das Gute anstrebst, erscheint daraufhin das Böse. Wenn du glaubst, etwas Böses zu tun, machst du zugleich Erfahrungen mit Güte. Sogar Mephisto stellt sich dem Faust über die Polarität vor. Als sie sich zum ersten Mal begegnen, fragt Faust: „Wer bist du denn?". Mephisto antwortet: „Ich bin ein Teil von jener Kraft, die stets das Böse will und stets das Gute schafft."

Nicht einmal Mephisto kann ausschließlich das Böse erschaffen. Alle seine Zauberkräfte nutzen ihm gar nichts. Wenn er das Böse erzeugt, schafft er das Gute mit. Er ist verstrickt. Er kann nicht anders. Er will Böses erreichen - und wie durch Zauberhand entsteht das Gute mit. Er muss sich wie ein Pudel vorkommen, der seinen Schwanz zu fassen versucht. Er dreht sich so schnell er kann, aber der Schwanz bewegt sich immer mit. Mephisto kann all seine Kunst aufbieten, aber das Gute ist immer schon da. Vielleicht ärgert ihn das maßlos. Vielleicht macht ihn das teufelswild. Ich glaube das aber nicht. Ich glaube, er hat wirklich Freude daran.

Gut und Böse sind lediglich polare Gegensätze. Wenn du das akzeptiert hast, wirst du die Gegensätze plötzlich von außen betrachten können. Du wirst aus ihnen heraus treten und sie beobachten. Du wirst erkennen, dass sie in Wahrheit nicht existieren. Deswegen kann es auch in dir nicht Gutes oder Böses geben. Darum gibt es auch keine ‚negativen' Gedanken, Emotionen, Begierden. Nichts von dem, was du je erlebst oder tust, kann negativ sein. Dir wurde bisher von allen Seiten eingeredet, dies sei möglich oder sogar die Regel. Dir wurde immer gesagt, du seist so wie du bist, nicht in Ordnung. Diese Vorstellung hat dich zutiefst durchdrungen. Dadurch befindest du dich in einem beständigen Kampf gegen dich selbst. Und wogegen du kämpfst, das kann dich nicht verlassen. Wenn du beispielsweise gegen deine Selbstsucht kämpfst, machst du sie zu deinem Thema. In dir läuft der Kampf gegen Selbstsucht - und dadurch ist sie bei dir. Du hast die Wahl, einen anderen Weg zu gehen. Du kannst dich mit ihr aussöhnen. Sei selbstsüchtig. Spiele die Rolle, die du an dir bekämpfst. Tue das. Lebe das Gefühl aus. Sobald du dich damit ausgesöhnt hast, wirst du eine Entdeckung machen. Was du für Selbstsucht hieltest, war die Bemühung, dich deutlicher zu distanzieren und auf deine eigenen Stimmen zu hören. Es ging für dich darum, darauf zu hören, was dir gut tut und auf diese Weise deinen eigenen Weg zu finden. Wenn du gegen Feigheit ankämpfst, wird die Feigheit dein Thema sein. Sie ist da, weil du sie bekämpfst. Wenn du dich mit ihr aussöhnst, wenn du mit ihr in Harmonie gehst und sie dabei wirklich kennen lernst, wird sie dir bald als etwas ganz anderes erscheinen. Du wirst entdecken, dass es gar nicht um Feigheit ging, sondern dass sie die äußere Hülle einer großen Sensibilität oder eines großen Einfühlungsvermögens ist. Aber so lange du gegen sie kämpfst, kannst du das nicht erkennen. Gehe in Harmonie mit dir selbst. Höre auf, zu kämpfen, und du wirst Schätze in dir finden. Die wertvollsten Schätze liegen gerade dort, wo du am meisten gegen dich gekämpft hast.

Da es in dir nichts Böses gibt, gibt es in dir auch nichts Gutes. Deshalb ist auch die Aufforderung, etwas Gutes zu tun, sinnlos. In welche Situation kommst du, wenn du daran glaubst, dass es richtig ist ‚Gutes zu tun', aber du gerade nichts Gutes tun möchtest? Was geschieht, wenn du sogar etwas tun möchtest, was die anderen nicht für ‚gut' halten? Dann gerätst du in einem inneren Konflikt, du wirst du getrennt von dir selbst – und schon hat jemand Macht über dich. Die Ermahnung zum Guten ist ein mächtiges Werkzeug, um Menschen zu manipulieren. Mit ihr kann man großen Druck ausüben. Wenn jemand in Schuldgefühle verstrickt ist, wird er die Ermahnung ‚gut' zu sein, unbewusst als Aufforderung verstehen, seine ‚Schuld' abzutragen. Wenn jemand sich nicht distanzieren kann, wird er auf diese Aufforderung hin seine eigenen Ansprüche zurückstellen und für andere und deren Bedürfnisse da sein. Es geht also nicht darum, ‚gut' zu sein. Es geht um Bewusstheit. Es geht darum, genau hinzusehen, was mit dir geschieht, was du erlebst, was deine wirklichen Bedürfnisse sind, was gut *für dich* ist. Tue das, was gut für dich ist. Dann wirst du von ganz allein ‚gut' auch zu anderen, ohne dass man dich noch dazu auffordern müsste. Du entdeckst dabei deine Art, zu lieben.

Jedes ‚du darfst' oder ‚du darfst nicht', jedes ‚du sollst', auch wenn es religiös oder spirituell verbrämt daherkommt, dient nur dazu, dich von dir selbst trennen.

Was geschehen wird, wenn du mit dir eins sein wirst, verdeutlicht eine kleine Geschichte. Ein erleuchteter älterer Mann lebte in einer einsamen Hütte auf einem Berg. Unten im Tal befand sich ein Dorf. Die Bewohner des Dorfes achteten den Mann auf dem Berg. Manchmal gingen sie zu ihm, um sich Rat zu holen. Eines Tages war die Tochter des Dorfältesten schwanger – vor ihrer Heirat. Das war eine Katastrophe. Ihr Vater stellte sie zur Rede und wollte wissen, wer der Erzeuger des Kindes ist. Da sie ihren Liebsten nicht verraten wollte, sagte sie kurz entschlossen, der Mann auf dem Berg sei der Vater des Kindes. Nachdem das Kind, es war ein Junge, geboren war, brachte es der Dorfälteste zu dem Alten auf den Berg. „Du hast meine Tochter geschwängert", sagte er zu ihm. „Du bist verantwortlich für das Kind. Hier nimm es".
„Oh", sagte der Weise, nahm das Kind an und zog es auf.
Nach sieben Jahren bekam die junge Frau ein schlechtes Gewissen und sagte ihrem Vater die Wahrheit. Sie nannte ihm den wahren Erzeuger des Kindes. Ihr Vater war bestürzt und lief zu dem Alten auf dem Berg.
„Du bist gar nicht der Vater des Kindes", sagte er. „Ich nehme es jetzt wieder mit. Es gehört zu uns."
„Oh", sagte der Weise und ließ den siebenjährigen Jungen gehen.

Der Weise auf dem Berg war innen ausgesöhnt. Er konnte das Kind annehmen, als es kam, er konnte es abgeben, als es ging. Mit Sicherheit löste der Abschied in ihm Trauer aus. Mit Sicherheit hatten die sieben Jahre die beiden miteinander verbunden. Doch seine Trauer war keine Bedrohung für ihn. Er war durchdrungen von Bewusstheit. Er konnte alles akzeptieren, was in ihm geschah. Deswegen konnte er auch akzeptieren, was außen geschah. Es gab nichts mehr, was er wertete, was er ablehnte oder anstrebte. Deswegen konnte er das Leben nehmen, wie es kam. In der Mitte zu ruhen, heißt, das Dasein zuzulassen, es nicht zu bekämpfen.

Wertfrei sein bedeutet nicht, dass das Leben an dir vorüber geht, ohne dich zu berühren. Im Gegenteil, du bist offen für das, was geschieht. Du lässt es zu. Du gibst dich ihm hin. Du bist bereit, es anzusehen. Das Leben strömt durch dich hindurch. Es stößt auf keinen Widerstand. Wenn du gegen irgend etwas ankämpfst, wirft dich genau das aus der Mitte. Wenn du aber zulässt, wird das Leben intensiv, du hast es noch nie so intensiv wahrgenommen. Aber du ruhst. Du bist im Auge des Orkans.

Meine Klienten staunen häufig über diese Tatsache. Sie glaubten unterschwellig, das Leben würde weniger intensiv, wenn sie die Dinge durchschauen. Sie waren zu mir gekommen, um Probleme zu bewältigen. Sie wollten nicht mehr leiden, sie wollten ihre Schwierigkeiten los werden. Intensiv wurde für sie bisher das Leben vorwiegend im Leid und in der Angst. Deswegen befürchten sie unterschwellig, dass das Leben weniger intensiv wird, wenn sie diese Gefühle verlieren. Doch das Gegenteil tritt ein. Du verlierst die Angst, und das Leben wird intensiver. Dein Gesichtsfeld weitet sich: Deine sinnliche Wahrnehmung und dein Kontakt zu anderen werden intensiver. Die kleinen Ereignisse des Daseins werden unendlich kostbar. Die Ruhe wird kostbar. Das ganze Leben wird kostbar. Wenn du bewusst wirst, wirst du das Leben nicht los, sondern es beginnt.

Das Ego und der Beobachter

Wenn du erkennst, dass es im Leben um Erfahrungen geht, dann wird es für dich leicht zu verstehen, was das Ego eigentlich ist. Und es wird dir deutlich, welche Bedeutung Meditation für dein Dasein hat.

Meister Eckhardt sagte: *„Wenn die Seele etwas erfahren möchte, schafft sie sich ein Bild dieser Erfahrung, wirft dieses Bild vor sich nach außen und tritt in ihr eigenes Bild ein.“* Dieses Eintreten in die Erfahrung geschieht durch den Körper. Du schaffst dir den Körper und eine Psyche und gehst damit in die Welt. Dein Körper ist dein Tor zur Welt. Er nimmt die Erfahrungen auf, die deine Seele anstrebt. In deinem Körper schwingt das Dasein, indem es Gefühle und Empfindungen auslöst.

Aber dann beginnst du, deine Erfahrungen zu bewerten. Anstatt sie zu nehmen wie sie sind, statt dich auf sie einzulassen, wertest du sie. Du versuchst, sie zu manipulieren und zu verändern. Einige Erfahrungen strebst du an und willst sie immer wiederholen. Weil du dich mit ihnen wohl fühlst, weil sie dir Sicherheit geben, weil sie dich von Sorgen ablenken, weil sie Gefühle in dir auslösen, die du magst. Andere Erfahrungen willst du verhindern, weil du sie fürchtest oder weil sie für dich unangenehm sind – weil sie in dir Gefühle auslösen, die du nicht magst. Die Erfahrungen, die du anstrebst, erlebst du als *Wünsche.* Die Erfahrungen, die du ablehnst, erlebst du als *Ängste.* Wünsche und Ängste sind Reaktionen auf deine Gefühle. Deine Wünsche und deine Ängste sind zwei Seiten einer Medaille. Aus ihnen besteht dein Ego.

Solange du unbewusst bleibst, reagierst du auf deine Empfindungen mit Wünschen und Ängsten. Aus dieser Energie nährt sich dein Ego. Es entsteht, indem du dich auf deine Erfahrungen nicht einlässt.

Aus diesem Grund befindet sich dein Ego permanent im Kampf. Immerzu muss es etwas erreichen oder verhindern. Erreichen will es Sicherheit, Ruhm, Reichtum, Anerkennung, Macht, Liebe, Erleuchtung. Verhindern will es Hilflosigkeit, Ohnmacht, Einsamkeit, Trauer, Schuld, Scham. Beständig kämpft es. Es lebt von der Auseinandersetzung. Es bekämpft Probleme, es muss etwas lösen, es muss etwas erzwingen. Wenn kein Problem da ist, dann schafft es sich eines. Auch folgendes hast du sicherlich schon erlebt: Es ist ein schöner sonniger Morgen, es erwartet dich ein wundervoller Tag. Du konntest am Abend zuvor ein Problem klären oder einen Erfolg erzielen, der dir wichtig war. Jetzt bist du ganz entspannt – ohne alle Sorgen. Nichts gibt es zu klären und nichts zu erreichen. Doch plötzlich, unter der Dusche oder beim Frühstück, kommt dir der Gedanke, dass irgend etwas schief gehen könnte. Es könnte ja ein Geschäft fehlschlagen. Dann würdest du dich ärgern. Finanzielle Einbußen wären die Folge. Vielleicht könnte sich auch das Finanzamt mit einer Forderung melden. – Auf einmal ist ein Problem da, an das du vorher gar nicht gedacht hattest. Deine gute Stimmung ist dahin. Die Kraft, die Dynamik, die Ruhe des Tages sind weg. Das ist dein Ego. Es braucht Probleme. Es lebt von ihnen. Wenn keine Sorgen da wären, würde es eingehen. Es würde sterben. In dem Moment, wo es zur Ruhe käme, würde es verschwinden.

Da das Ego ständig beschäftigt ist, beschäftigt es dich ständig. Ohne Unterbrechung lässt es deine Gedanken kreisen. Sie sind immerzu in Bewegung, bei Tag, in der Nacht, beim Essen, beim Reden, im Schlaf. Wenn du mit Meditation beginnst, wirst du sehen, welches Chaos in dir stattfindet. Du schließt die Augen, du ziehst deine Sinne von der Außenwelt ab, du willst still werden. Du schaffst es gerade, deinen Körper still werden zu lassen – und dann erscheint das Tohuwabohu. Ein Gedanke nach dem anderen kommt und geht. Es kommen Bilder, Melodien, Farben, Gefühle, Assoziationen. Wenn du das alles etwas länger beobachtest, wirst du eine erstaunliche Entdeckung machen: Den Verstand, das Ego, gibt es in Wahrheit gar nicht. Es gibt lediglich eine ständige Abfolge von Gedanken. Ebenso wie eine Menschenmenge bei genauerem Hinsehen nichts anderes ist als eine Vielzahl von Individuen, existiert dein Verstand nur als Abfolge von ständig kreisenden Gedanken. Sie kreisen ohne Pause. - Du joggst im Wald. Du möchtest dich erholen. Du willst die Natur spüren. Aber du denkst an ein Problem, das dich gerade beschäftigt. Vielleicht ist es etwas Geschäftliches, vielleicht ein Problem in der Familie. Du denkst daran, du führst innere Dialoge, du überlegst dir Möglichkeiten, wie du dich verhalten kannst. Du hast eine ganze Stunde gejoggt. Aber jetzt, wo du den Wald wieder verlässt, ist es so, als wärest du nicht da gewesen. Du warst bei deinen Gedanken. Die Natur konnte zu dir nicht vordringen. Der Duft der Bäume, das Singen der Vögel, das Licht – es hat nichts in dir ausgelöst. Du warst nicht *einmal* damit verbunden.

Deine Gedanken haben deinen Geist vollständig im Griff. Sie schieben sich zwischen dich und die Wirklichkeit. Sie halten die Welt von dir ab. Sie halten dich von der Welt ab. Sie halten den Wald von dir fern, sie halten die Menschen von dir fern, sie halten den Genuss von dir fern, sie halten das Leben von dir fern. Ebenso wie du den Wald nicht erlebst, zieht das ganze Leben unerkannt an dir vorüber.

Ein Professor, eine internationale Koryphäe, kommt zu einem Zen-Meister. Der Wissenschaftler fragt ihn: „Erkläre mir bitte, wieso du erleuchtet bist, und ich nicht. Mein Gehirn ist mindestens so gut trainiert wie deines."
„Es liegt daran", antwortet der Meister, „dass ich in jedem Moment das tue, was ich tue. Wenn ich esse, dann esse ich. Wenn ich spazieren gehe, dann gehe ich spazieren. Wenn ich arbeite, dann arbeite ich. Wenn ich schlafe, dann schlafe ich. Wenn du isst, redest du mit deiner Frau über eure Kinder. Wenn du spazieren gehst, denkst du über deine Arbeit nach. Wenn du arbeitest, denkst du an deinen Erfolg. Und wenn du schläfst, dann träumst du. Das ist der ganze Unterschied zwischen uns."

Der Professor glaubt, er könne Erleuchtung erlangen, indem er sein Gehirn trainiert. Seine ganze Ausbildung bestand darin, seine Logik zu schulen. Er weiß, wie man Ideen kausal verknüpft und wie man sie zu Gedankengebäuden und Theorien verbindet. Aber was es bedeutet, präsent zu sein, weiß er nicht. Er weiß nicht, dass gerade sein Verstand ihn daran hindert. Wenn er im Wald steht und aufgefordert würde wahrzunehmen, wüsste er nicht, was er tun soll. Wenn er Nähe zu jemandem erleben möchte, weiß er nicht, wie er es tun soll. Er wird den, zu dem er Nähe sucht, vermutlich mit seinem Wissen und seinen Theorien zu beeindrucken versuchen. Oder er wird mit ihm eine Diskussion zu weltanschaulichen Dingen beginnen, weil er glaubt, dass er damit Verbindung schafft. Aber so schafft er keine Verbindung. Indem du diskutierst, entsteht keine Nähe. Schon wenn der andere plötzlich eine andere Meinung hat, ist die ganze Verbindung dahin und ein Streit ist da. Durch Reden entsteht keine Nähe. Nähe entsteht in der Stille. Sie entsteht zwischen den Worten, wenn beide schweigen. Dies ist das Geheimnis wirklicher Kommunikation: sie geschieht in den Pausen, zwischen den Worten. Es geht nicht um das Gesprochene. Wenn du dich ausschließlich auf die Worte konzentrierst, verpasst du die Hauptsache. Nähe, Verbundenheit, Erfülltsein, das gesamte Dasein entsteht im Schweigen. Wenn das Denken und die Logik aufhören, entsteht die Verbindung zwischen den Gesprächspartnern. Dann sind beide präsent. Die Verbindung ist da. Genau dies meinte der Zen-Meister, als er sagte: Ich tue immer das, was ich tue. Er meinte seine Präsenz. Er ist im Augenblick, sein Kopf behindert ihn nicht mehr. Er ist mit seiner gesamten Existenz bei dem, was geschieht.

Wenn du tiefer in die Meditation vorgedrungen bist, wenn du zum Beobachter deiner Gedanken geworden bist, wirst du eine erstaunliche Beobachtung machen: Deine Gedanken entstehen nicht im Kopf, wie du immer geglaubt hast. Sie halten sich nicht einmal im Kopf auf. Sie benötigen ihn überhaupt nicht. Manchmal scheinen sie durch den Kopf oder durch den Körper zu ‚wandern'. Ähnlich wie ein Meteorit, der durch die Erdatmosphäre braust, ohne dort entstanden zu sein. Aber meistens sind die Gedanken völlig unabhängig von unserem Körper. Dagegen sind die Gefühle immer mit dem Körper verbunden. Jedes Gefühl kannst du im Körper lokalisieren, ob im Brustkorb, Bauch, Unterleib oder im Herzen. Manchmal findest du es auf der Haut, manchmal im ganzen Körper. Gefühle sind immer im Körper. Dein Körper ist dafür geschaffen worden, um sie zu erleben. Aber die Gedanken sind nicht im Körper. Sie sind einfach da. Wir fangen sie auf. Sie gehören eigentlich gar nicht zu uns. Sie sind wie Parasiten, die uns suchen.

Physiker glauben, unser gesamtes Universum sei mit kleinen und unvorstellbar leichten Teilchen angefüllt – den Neutrinos. Sie wirken so gering auf die Materie ein, dass sie faktisch alles mühelos durchdringen. Sie durchqueren die ganze Erde vom Nordpol zum Südpol und in alle anderen Richtungen fast widerstandslos. Deswegen sind sie überall zu finden. Die Neutrinos sind eine gute Metapher für Gedanken. Ebenso wie sie befinden sich unsere Gedanken überall. Sie durchdringen alles. Sie füllen das gesamte Universum aus. Sie sind immer und überall da. Sie sind einfach da. Wenn ein Gedanke für dich wichtig ist, wenn du deswegen mit ihm in Resonanz kommst, dann wird er dir bewusst und du glaubst, du hättest ihn gedacht. In Wahrheit war er einfach nur da, unabhängig von dir. Gedanken, die du ernst nimmst, aus denen du Theorien schmiedest, mit denen du dich identifizierst, beginnen dadurch ein Eigenleben zu führen. Sie schaffen zwischen dir und der Realität eine Distanz, eine Barriere. - Du triffst einen anderen Menschen. Anstatt dich auf ihn einzuschwingen, anstatt ihn zu spüren, mit ihm in Harmonie zu gehen, kommen dir Gedanken: Ist er mir sympathisch, mag er mich, welche Schwächen mag er haben? Diese Gedanken hindern dich daran, ihm wirklich zu begegnen. Du siehst eine Blume im Wald. Anstatt sie auf dich wirken zu lassen, anstatt dich mit ihr zu verbinden, fragst du dich, wie sie heißt. Oder es kommt dir der Gedanke, sie zu pflücken und jemandem zu schenken. Selbst der Gedanke, sie sei schön, ist ein Gedanke, der sich zwischen dich und die Blume stellt. Erst wenn das alles vollständig wegfällt, wenn das Denken total verschwindet, begegnest du dem Dasein.

Jeder kennt Augenblicke, in denen unverhofft der Verstand ausgeschaltet war. Dies kann geschehen, wenn unser Verstand überfordert ist. Sportler berichten dies: Wenn in einem Wettkampf ihre Kraftreserven aufgebraucht sind, wenn sie erschöpft sind, befinden sie sich plötzlich in einem anderen Zustand. Dies beschreiben sie als Trance. Manche haben dabei das Gefühl, sich neben ihrem Körper zu befinden. Dann wird alles ganz leicht und ist durchströmt von einer großen Freude. Auch Extremsportarten erzeugen solche Situationen. Sie überfordern für kurze Zeit den mentalen Apparat. Er ist paralysiert, er schweigt. In diesem Moment bist du frei. Du springst an einem Seil einen Abgrund hinunter. Dein Denken ist überfordert, es setzt aus. Logik und Vernunft verschwinden für Sekunden. Die Barriere zwischen dir und der Wirklichkeit fällt. Du bist für Augenblicke verzaubert, dich durchströmt eine große Kraft, eine aufquellende Energie. Du kannst losschreien, lostanzen vor Freude, das Leben gehört dir. Viele glauben, dies liege an dem Adrenalinstoß, der mit der Aufregung verbunden ist.

Aber die Ursache ist das Aussetzen des Verstandes. Die Barriere ist weg und das Leben berührt dich. Etwas Ähnliches kann ein guter Witz erreichen. Jemand erzählt eine Pointe, die Freude bricht aus dir heraus – für Augenblicke bist du frei. Im Lachen ist der Verstand ebenfalls ausgeschaltet. Lachen und Denken können nicht gemeinsam existieren. Dieses Aussetzen des Verstandes kann ebenso beim Orgasmus geschehen. Dein ganzer Körper wird dabei erfasst, dein ganzes Dasein. Das Denken löst sich auf, du löst dich auf, du verschmilzt. Für kurze Zeit steht das Fenster offen. Du kannst einen Blick hinaus werfen in eine neue Landschaft, in eine Welt, die dir pur begegnet.

Aber um dauerhaft über den Verstand hinaus zu gehen, gibt es nur einen einzigen Weg. Es gibt nur einen einzigen Weg, diese Umklammerung durch das Denken zu verlassen und deine Identifikation mit ihm zu durchschauen: Du musst zum Beobachter deines Verstandes werden. Beobachte deine Gedanken. Werde Zeuge.

Auf andere Weise kannst du ihn nicht überwinden. Es hat keinen Sinn, gegen den Verstand anzukämpfen. Du wirst keinen Erfolg haben, wenn du gegen dein Ego kämpfst. Denn es liebt den Kampf. Wenn du kämpfst, begibst du dich auf sein Terrain – du bist von vornherein unterlegen. Kampf *ist* Ego. Aber du kannst das Kämpfen sein lassen, indem du zum Beobachter deiner Gedanken wirst. Wenn du dich nicht von deinem Ego verwickeln lässt, wenn du Abstand zu ihm herstellst, dann laufen alle seine Bemühungen ins Leere. Der Verstand beruhigt sich, der Nebel lichtet sich und plötzlich wird die Realität sichtbar. Sie dringt zu dir durch. Sie wird nicht mehr manipuliert, nicht uminterpretiert. Sie erscheint vor dir, klar, rein, wahr. Man kann nicht mit Worten beschreiben, was dann geschieht. Worte können es nicht ausdrücken, eben weil dann etwas eintritt, was über den Verstand hinausgeht. Aber es ist auch unnötig, dafür Worte zu finden. Denn dieses Ereignis wird dich so berühren, es wird dich so erfassen, dass du wissen wirst – jetzt geschieht es.

Osho sagte: „*Meditation beginnt damit, vom Verstand getrennt zu sein, ein Zeuge zu sein. Das ist die einzige Methode, von irgend etwas Abstand zu bekommen... Meditation ist ein anderer Name für Beobachten, Zeugesein, Wahrnehmen ohne jede Beurteilung, ohne jede Bewertung.*“

Nasargadatta Maharai sagte: „*Erkenne dich als den unveränderlichen Beobachter des sich verändernden Verstandes. Das genügt.*"
Meister Eckhart benutzt dafür das Bild einer Türangel. Er sagt, wenn das Göttliche in dich eindringt, wirst du in dir einen Punkt finden, der vom Dasein nicht berührt ist. Diesen Punkt vergleicht er mit dem Aufhänger einer Tür. So sehr sich die Tür auch dreht, so heftig sie sich bewegt, der Aufhänger bleibt ruhig. Diesen Punkt, diesen Zustand, der vom Dasein unberührt ist, findest du, indem du das Dasein beobachtest. Indem du die Tür, die sich bewegt, beobachtest. Indem du Abstand gewinnst, indem alles von dir abfällt, was nicht dieser ruhende Punkt ist.

Das ist das Geheimnis der Meditation: Beobachter sein, Zeuge sein. Beobachter sein heißt nicht, dass du die Außenwelt beobachtest. Es heißt nicht, dass du aufmerksam verfolgst, was um dich geschieht. Es heißt, dass du beobachtest, was *in* dir geschieht. Dadurch wirst du auch die Außenwelt bewusster wahrnehmen. Aber zuerst musst du nach innen gehen. Meditativ sein, heißt nach innen zu schauen. Du kannst den Verstand nur beobachten, wenn du nach innen schaust. Du musst deine ausschließliche Ausrichtung auf die Außenwelt beenden. Das führt zu einer grundsätzlichen Veränderung deines gesamten Lebens. Die meisten Menschen wissen nicht, dass man überhaupt nach innen schauen kann. Und wenn sie es versuchen, dann gelingt es ihnen nicht oder nur sehr oberflächlich.

Dies ist ein wesentlicher Zusammenhang: Du kannst nicht nach innen schauen, wenn du beispielsweise deine Gefühle nicht kennst - wenn es Gefühle gibt, die du fürchtest. Denn das Erste, was dir begegnet, wenn du dich deinem Inneren zuwendest, *sind* deine Gefühle. Fürchtest du sie, dann begibst du dich mit jedem Blick in dich selbst auf ein gefährliches Terrain. Es ist, als würdest du einen Löwenkäfig betreten. Kaum öffnest du die Tür, springt dich etwas an, was du nicht wahr haben möchtest.

Deswegen ist es unmöglich zu meditieren, deswegen ist es unmöglich, bewusst zu werden, solange es Gefühle gibt, die du ablehnst. Deine Gefühle sind das erste Tor zur Bewusstheit. Die Wahrnehmung der Gefühle ist der erste Schritt durch dieses Tor hindurch. Erst wenn das Tor sich geöffnet hat, wirst du in der Lage sein, wirklich zu meditieren.

Dann tritt der umgekehrte Vorgang ein: Je tiefer du in die Meditation vordringst, um so bewusster werden dir deine Gefühle und Handlungsmotive. Es ist gar nicht möglich zu meditieren, wirklich der Beobachter des Verstandes zu sein und dabei nicht bewusster zu werden. Häufig kommen Menschen zu mir, die sagen, sie meditierten schon seit langem – manchmal schon seit Jahren. Und trotzdem kennen sie ihre Ängste nicht. Sie wissen nichts über ihre Gefühle und Motive. Sie meditieren, aber sie bleiben eifersüchtig, sie meditieren und leben in Beziehungen, in denen sie sich nicht wohl fühlen. Sie meditieren und machen tagtäglich Dinge, die ihnen keine Freude bereiten, mit denen sie sich nicht verbunden fühlen. Sie meditieren, aber sie werden nicht bewusster, sie lernen sich nicht kennen. Was sie tun, ist keine wirkliche Meditation. Ihre Meditation ist eher ein Entspannungszustand, eher ein Tagträumen. Das ist zwar besser, als immer nur pausenlos aktiv zu sein. Aber es ist keine Meditation. Es ist unmöglich, wirklich zu meditieren, wirklich zum Beobachter zu werden, und dabei unbewusst zu bleiben. Es ist nicht möglich, Beobachter zu sein, und dabei nicht freier zu werden. Wenn du schon seit längerem meditierst, aber das Gefühl hast, dass keine Transformation geschieht, dann überprüfe, was du da eigentlich tust. Meditation bedeutet nicht, dass es dir für kurze Zeit, während der Meditation und danach, gut geht, dass du schöne Zustände erlebst. Dies kann in der Meditation geschehen. Aber es ist nicht ihr Wesen. Meditation ist ein viel grundlegenderer Vorgang. Sie führt zu einer Transformation, zu Klarheit, zu Bewusstheit, zum Dasein. Mir sind viele Menschen begegnet, die von sich behaupten, zu meditieren. Aber nur wenige sind wirklich zum Beobachter geworden.

Wenn du versuchst zu meditieren, ohne dich mit deiner Innenwelt ausgesöhnt zu haben, dann könnte es sein, dass du während deiner Meditationen häufig einschläfst. Denn dann beginnt in dem Moment, wo du nach innen gehst, in dir ein Kampf. Aus deinem Unterbewusstsein wollen die Dinge ans Licht treten, gegen die du dich wehrst. Sie können jetzt endlich kommen, weil du still wirst. Du bist nicht mehr abgelenkt, du bist nicht beschäftigt, du bist gerade nicht in einer Diskussion, du willst gerade nichts erreichen. Jetzt können sie aufsteigen wie Luftblasen aus der Tiefe eines Teiches. Aber du fürchtest sie. Du willst sie nicht sehen. Du willst dich zwar entspannen, aber du willst nicht annehmen, was kommt. Also musst du ausweichen. Eine Möglichkeit dies zu tun, ist einzuschlafen. Du schläfst immer ein, kurz bevor die Dinge aufsteigen, die du nicht sehen möchtest. Denn etwa zwei Minuten nach dem Einschafen würden deine Ängste hervor kommen. Gelingt es dir, in dieser Phase *nicht* einzuschlafen, sondern auch die Müdigkeit zu beobachten und geistig präsent zu bleiben, dann wirst du deine Ängste nach und nach vollständig kennenlernen und damit verlieren. Willst du sie jedoch nicht sehen, wirst du einschlafen. Oder, das ist die andere Möglichkeit, du wirst dich im Gegenteil als äußerst angespannt und fahrig erleben. Du wirst das Gefühl haben, gar nicht in der Meditation anzukommen, nicht zur Ruhe zu kommen. Wenn du die Dinge, die innen kommen, nicht sehen willst, bist du gezwungen, irgendwie ausweichen. Auf keinen Fall kannst du in der Meditation bleiben. So wirst du das Meditieren als etwas Anstrengendes empfinden. Du wirst dich nicht darauf freuen. Du nimmst dir vor, jeden Tag zwei Mal zu meditieren. Aber es ist dir eine Last. Du schaffst es nicht, du weichst aus. Wird das Meditieren für dich zu einer derartigen Anstrengung, dann läuft in dir ein solcher Kampf.

Du kannst nicht nach innen gehen, wenn dort Dinge vorhanden sind, die du fürchtest. Du kannst nicht bewusst werden, ohne die Dinge zu sehen, die du fürchtest. Bewusst sein heißt, dass es innen nichts mehr gibt, was du ablehnst. Alles darf sein. Alles darf bewusst-sein.

Bei hunderten Klienten konnte ich beobachten, dass Bewusstheit und Freiheit in drei Schritten entstehen:

Erster Schritt. Durch die Ängste hindurchschauen. Die Gefühle wahrnehmen, die hinter deinen Ängsten liegen.

Zweiter Schritt. Wahrnehmen. Von innen her leben.

Dritter Schritt. Beobachter werden, meditieren, bewusst werden.

Mit dem ersten Schritt öffnest du die Tür. Du öffnest die Tür nach innen. Du schaffst die Möglichkeit, nach innen zu schauen. Du erkennst, dass es nichts gibt, was du innen fürchten müsstest. In dieser

Phase machst du dich frei von deiner Kindheit, befreist dich von deinen Eltern. Denn die Gefühle, die du fürchtest, sind die Gefühle, die die Erwachsenen nicht zulassen konnten, die sie dir verboten hatten. Wir nannten dies das erste Geheimnis der Freiheit: Die Angst verschwindet, wenn du das Gefühl zulässt, welches die Angst abwehrt. Dabei wirst du entdecken, dass hinter all deinen Ängsten höchstens zwei oder drei Grundgefühle verborgen sind. Wenn du diese erlöst, steht dir das Tor offen. In dieser Phase hört dein Kampf um Liebe auf.

Der zweite Schritt kann nun folgen. Du kannst nach innen wahrnehmen, denn du hast dich innen ausgesöhnt. Du hast keine Angst mehr vor dir selber. Du kannst dir endlich begegnen. Nimm nun deinen Körper wahr. Sei mit einem Teil deines Bewusstseins im Körper. Damit lässt du dich auf die Erfahrungen deines Lebens ein. Du beginnst zu durchschauen, dass der Reichtum deines Daseins von innen kommt. Du erkennst, dass die äußere Welt eine Spiegelung deines inneren Reichtums ist. Deine Existenz hört auf, ein Kampf ums Überleben zu sein und wird damit zur Erfahrung. Du hörst auf, die Welt in Gut und Böse einzuteilen. Du durchschaust die Oberflächlichkeit moralischer Vorstellungen.

Bei diesem Schritt findest du ebenfalls ein neues Verhältnis zu materiellem Besitz. Du erkennst: Alles, was du wahrnehmen kannst, musst du nicht mehr besitzen. Und was du besitzt, kannst du nur schwer wahrnehmen.

Der Gedanke, etwas besitzen zu müssen, entsteht häufig aus der Unfähigkeit, wahrzunehmen. Du betrittst eine malerische Stelle am See. Du bist berührt, dir gefällt der Ort. Du empfindest etwas, das du sonst nicht kennst. Dich streift die Schönheit der Natur, die Ruhe, die Entspanntheit, die Selbstverständlichkeit des Schönen. Aber du kannst dich nicht ganz darauf einlassen. Du weißt nicht, wie das geht. Du bist nicht wirklich mit der Natur verbunden. Dir fehlt etwas. Die Schönheit, die Ruhe des Ufers löst in dir eine Unruhe aus. Du merkst, etwas fehlt dir im Leben. In diesem Moment bekommst du den Impuls, für immer hier sein zu wollen. Du willst dieses Stück Erde besitzen. Die Sehnsucht, etwas intensiv zu erleben, verwechseln viele mit dem Bedürfnis, es zu besitzen. Genau so ist es, wenn du Menschen begegnest.

Du siehst eine schöne Frau oder einen schönen Mann. Der andere gefällt dir, er ist interessant, er ist begehrenswert, du willst ihm nah sein. Aber du kannst ihn nicht erreichen. Es bleibt eine Entfernung zwischen dir und ihm. Du weißt nicht, wie man sich auf einen anderen einlässt. In jedem Moment des Lebens, in jedem noch so flüchtigen Moment ist es möglich, einem anderen vollkommen nahe zu sein. Aber du weißt nicht, wie es geht. Deine Zuneigung, deine Sympathie zu ihm erfüllen sich nicht. Etwas fehlt. Er löst in dir eine Unruhe aus. Da du ihn nicht erreichen kannst, kommt der Impuls, ihn zu binden. So mündet deine Sehnsucht in den Impuls, ihn zu besitzen. Vielleicht erlebst du das als Bedürfnis, mit ihm zusammenzuleben. Vielleicht willst du mit ihm schlafen.

Umgekehrt findet ein ähnlicher Vorgang statt. Sobald du etwas besitzt, hörst du auf, es wahrzunehmen. - Du besuchst einen Freund, der ein Haus an einer wunderschönen Stelle besitzt. Vielleicht in einer weiten Flusslandschaft oder an einer Meeresbucht mit herrlichem Ausblick. Du sitzt auf der Terrasse und genießt. Du bist überwältigt von so viel Schönheit. Dann kommt dein Freund. Er bringt den Kaffee mit, setzt sich zu dir und beginnt ein Gespräch. Nicht einen Blick wirft er in die Landschaft. Von deinen Empfindungen, von deinem Überwältigtsein bekommt er nichts mit. Ihm gehört das hier. Es ist seins. Er reagiert nicht mehr darauf. Es ist schwierig, etwas wahrzunehmen, was man besitzt. Denn wenn du glaubst, etwas zu besitzen, verschwindet der Abstand, es verschwindet das Du-Ich. Es verschwindet die Begegnung. Deshalb gibt es auch in Ehen so selten erfüllte erotische Beziehungen. Denn den Partner, den du zu besitzen glaubst, nimmst du nicht mehr wahr.

Wenn du beginnst wahrzunehmen, wirst du entdecken, dass der Reichtum der Welt *in dir* ist. Darum musst du ihn dir nicht mehr einverleiben. Du musst ihn nicht mehr besitzen. Wahrnehmen führt dich vom Haben zum Sein.

Im dritten Schritt wirst du bewusst. Du wirst zum Beobachter, du wirst der Zeuge deines Verstandes, deiner gesamten mentalen Tätigkeit. Du wirst damit zum Zeugen deiner Existenz. Der dritte Schritt kann parallel zum zweiten beginnen. Das ist sogar sehr günstig. Bei meinen Klienten habe ich immer wieder beobachtet: Nachdem sie ihre Grundängste kennen gelernt haben, nachdem sie ihre Kindheit durchschaut haben und das Tor zu ihrer Innenwelt aufgestoßen worden ist, beginnen sie zu meditieren. Sie beginnen von innen her zu leben. Sie wecken ihre Sinne, ihre Wahrnehmung - und zugleich beginnt die Meditation. Sie entdecken den Beobachter.

Dieser Vorgang ähnelt einem Erwachen. Wenn du zum Beobachter wirst, entdeckst du, dass du bisher in einen Film aus deinen Wünschen und Ängsten verwickelt warst und dass du glaubtest, dies sei die wirkliche Welt. Deine Wünsche und Ängste umgaben dich wie eine undurchdringliche Nebelwand. Deine Sinne, dein gesamtes Nervensystem und deine Handlungsmotive waren vollständig auf sie ausgerichtet. Deswegen blieb dir die ganze Vielfalt des Daseins verborgen. Anstatt dich dem Leben mit seinen unendlich vielfältigen Möglichkeiten zuzuwenden, starrtest du wie gebannt auf eine Kinoleinwand, auf der sich ein Drama aus deinen Wünschen und Ängsten abspielte. Erst wenn diese Leinwand verschwindet, wenn du dich von ihr abwendest, indem du sie dir bewusst machst, begegnet dir die Realität. Dies ist das Erwachen. Es ähnelt dem Erwachen aus einem Traum. Wenn du im Schlaf träumst, glaubst du ebenfalls, es geschehe etwas Reales. Nur aus diesem Grund sind Alpträume möglich, die uns wirklich Angst machen. Wir sind so vollständig identifiziert mit dem, was im Traum geschieht, dass wir uns tatsächlich bedroht fühlen. Dann erwachen wir und erkennen: Es war ein Traum. In Wahrheit bestand nie eine Gefahr. Ähnlich geschieht das Erwachen, wenn du zum Beobachter deines Verstandes wirst und wenn dadurch deine Identifizierung mit deinen Wünschen und Ängsten endet. Du erkennst dabei, wie vollständig du in sie verstrickt warst und dass du in Wahrheit nie gefährdet bist. Dann beginnen in dir bisher unbekannte Quellen von Energie zu fließen. Du begegnest zum ersten Mal einer wirklichen, existentiellen Freiheit. Dies nenne ich

das dritte Geheimnis der Freiheit:

> **Du erwachst, indem du der Beobachter deines Verstandes wirst.**

Beobachter zu sein ist verbunden mit einer großen geistigen Präsenz, einer durchdringenden geistigen Klarheit. Dabei verschwinden all die Empfindungen, die dir bisher die Energie raubten. Du erkennst, dass du dich um deine Existenz nicht zu sorgen brauchst. Es verschwinden Eifersucht und Neid. Wenn du meditierst und Eifersucht, Neid, Sorgen bei dir bleiben, und du dich weiter um Sicherheiten bemühst, dann geht deine Meditation nicht tief. Wenn du wirklich zum Beobachter wirst, dann verschwinden diese Empfindungen.

Damit sage ich nicht, dass du gegen Eifersucht, Neid oder Sorgen kämpfen sollst. Es hat keinen Sinn, gegen sie zu kämpfen. Ebenfalls sage ich damit nicht, dass du ein schlechter Mensch bist, wenn du diese Gefühle erlebst. Denn nichts, was du je empfindest oder tust, kann dich zum schlechten Menschen machen. Ich sage: Neid, Eifersucht und Sorgen werden fallen, wenn du zum Beobachter deines Verstandes wirst. Sie verschwinden dann von ganz alleine. Denn sie sind einfach nur Ausdruck von Unbewusstheit.

Zwischen Wahrnehmen und Beobachten besteht ein Unterschied. Wahrnehmen, oft auch als Gewahrsein bezeichnet, ist ein Umdrehen der Sinne. Die Sinne, mit denen du sonst die Umwelt beobachtest, werden nach innen gerichtet. Du richtest sie nicht mehr nach außen, in die Welt, sondern in deinen Körper. Du setzt deine Sinne für etwas anderes ein, als ausschließlich für die Auseinandersetzung mit der äußeren Wirklichkeit. Aber es sind dieselben Sinne. Wenn du in der Meditation zum Beobachter wirst, verlässt du die körperlichen Sinne. Du nimmst wahr, du beobachtest, aber du benutzt dafür nicht mehr deine körperlichen Sinne. Es ist eine tiefe Erfahrung, dass du wahrnehmen kannst mit etwas, was nichts mit deinem Körper zu tun hat. Jeder, der Meditation nicht als Entspannung oder als Ausweichen vor seiner inneren Realität betreibt, sondern der wirklich Beobachter wird, macht diese grundlegende Erfahrung. Viele Menschen werden damit erst beim Sterben konfrontiert. Ein Leben lang wurde ihnen gesagt, dass es jenseits des Körpers nichts gibt. Jetzt, im Tod, müssen sie nicht nur die vielen Eindrücke bewältigen, die auf sie einströmen. Sie müssen sich auch auf diese andere, nicht körperliche Wahrnehmung einstellen.

Wenn du wahrnimmst, schaltet sich der Verstand aus. Er kommt für diese Zeit, während du deine Sinne in dich richtest, zur Ruhe. Der Beobachter dagegen beobachtet den Verstand, er wird zu seinem Zeugen. Nur dadurch, dass du zum Beobachter wirst, kannst du über den Verstand hinausgehen, ihn transzendieren. Dies ist ein sehr subtiler und zugleich grundlegender Unterschied.

Der Beobachter hat nichts mit deinen Gefühlen, nichts mit deinem Körper, nichts mit deinem Verstand zu tun. Du hast dir eine Welt geschaffen, um darin Erfahrungen zu machen. Dein Körper, deine Sinne, deine Psyche, deine Gefühle, deine Ängste – all das ist Bestandteil dieser Erfahrung. Der Beobachter ist der Zeuge dieser Erfahrung. Man kann nicht einmal sagen, dass sich der Beobachter außerhalb deines Körpers befindet. Er hat mit dem dreidimensionalen Raum gar nichts zu tun. Er ist eine völlig andere Qualität.

Kennen lernen wirst du den Beobachter zunächst in der Meditation. Du begibst dich in eine angenehme, entspannte Körperhaltung, du schließt die Augen, richtest deine Sinne nach innen und nimmst deinen Körper wahr. Nach einigen Minuten gehst du dazu über, nicht nur den Körper, sondern auch alle deine Gedanken zu beobachten. Du beobachtest alles, was mental geschieht: Bilder, Farben, Melodien, Gedanken, Wünsche, Ängste, Sehnsüchte – alles, was kommt. Versuche, so lange wie möglich ununterbrochen der Beobachter zu sein. Am Anfang wird es dir nur wenige Minuten gelingen. Du wirst abschweifen in Gedanken, in Tagträumereien. Wenn du bemerkst, dass du abgeschweift bist, kehrst du still in die Bebachterposition zurück. Du beginnst immer wieder, den Körper und die Gedanken zu beobachten. Indem du zwischen dem Tagträumenden und dem Beobachter wechselst, indem du immer wieder diese Grenze passierst, wirst du beginnen zu verstehen, was der Beobachter wirklich ist. Es ist günstig, wenn du in dieser Phase einen Gesprächspartner hast, der bereits Beobachter geworden ist, der zum Zeugen geworden ist. Er kann dir helfen, die Erfahrungen zu verstehen, die du machst. Er kann dir helfen, die typischen Fehler und Hindernisse zu durchschauen, die sich dir hier in den Weg stellen. Und er kann dir helfen, dich selbst zu verstehen. Denn du wirst in dieser Zeit auf eine sehr tiefe Weise deine Ängste und Motive durchschauen.

Wenn du in der Meditation längere Zeit Beobachter sein kannst, wirst du damit beginnen, die Beobachterposition auch im Wachbewusstsein, mit offenen Augen, einzunehmen. Auch dies wird dir zuerst nur wenige Minuten gelingen. Aber bereits dabei wirst du erleben, wie die materielle Welt durchschaubar wird. Du wirst beginnen zu verstehen, was gemeint ist mit der Aussage, dass sie eine Illusion ist. Dann wird es dir gelingen, die Beobachterposition im Wachzustand immer länger zu halten. Es wird ganze Stunden oder Tage geben, die von Klarheit und Energie erfüllt sind. Du wirst von einer unsichtbaren Autorität durchströmt sein und du wirst wissen, dass du nicht gefährdet bist. Dann werden Tage kommen, wo du wieder zurückfällst in den alten Zustand, in dem es dir nicht gelingt, zu beobachten. Dann bist du wieder fahrig, nicht bei dir, und du handelst wieder nach deinen alten Mustern. Und da du in dieser Phase nicht beobachten kannst, identifizierst du dich erneut mit deinen Gefühlen, mit deinen alten Motiven und Ängsten. Aus diesem Grund glaubst du jetzt wieder, dem Schicksal ausgeliefert zu sein. Du fühlst dich deinen Gefühlen ausgeliefert, deinen Beziehungen, deinem Körper, deinem Verstand. Aber jetzt kennst du bereits den Zustand geistiger Klarheit, und du wirst mit Erstaunen beobachten, wie das Leben sich anfühlt, wenn man sich dem Schicksal ausgeliefert glaubt. Du beobachtest, wie du wieder glaubst, dich um deine Existenz sorgen und dich durchsetzen zu müssen. Du beobachtest, wie dabei deine Ängste wieder größer werden. Auf diese Weise wirst du durch den Wechsel zwischen größerer Bewusstheit und Unbewusstheit viele tiefe Einsichten gewinnen. Viele versuchen hier, schneller voran zu kommen. Sie bemühen sich, die Unbewusstheit so rasch wie möglich abzuschütteln, und sie setzen sich damit unter Druck. Aber du kannst diesen Prozess nicht künstlich beschleunigen. Lasse dich auf ihn ein. Beobachte ihn. Er benötigt seine Zeit und er ist vor allem sehr wertvoll.

In dieser Zeit wirst du eine Reihe neuer Dinge erleben. Du wirst bemerken, dass du die Gefühle anderer Menschen wahrnimmst. Du wirst bemerken, dass du andere aus deinem Herzen erleben kannst. Du wirst die Motive fremder Menschen spüren. Du wirst erkennen, woran sie leiden, und du wirst mit Überraschung sehen, wie leicht sie aus ihrem Leid heraustreten könnten. Du wirst sehen, dass sie leiden, *weil* sie sich mit der Illusion des Leides identifizieren. Du wirst erkennen, dass die Worte ‚Leid' und ‚Unbewusstheit' Synonyme sind. Du wirst ebenfalls eine Reihe energetischer Erfahrungen machen. Du wirst deine Lebensenergie deutlicher spüren. Du wirst deinen Lebensrhythmus deutlicher spüren. Du wirst den Energiefluss zwischen anderen Menschen spüren. Du wirst viel Neues erleben. Genieße das alles – aber halte dich nicht dabei auf. Bilde dir nichts darauf ein. Gehe diesen Weg, aber halte dich nicht bei den Überraschungen auf, die kommen. Ebenso wie du auf einer ausgedehnten Wanderung die verschiedenen Landschaften genießt, aber nicht lange darin verweilst, sie nicht festzuhalten versuchst, so halte dich nicht mit all diesen Erfahrungen auf. Genieße sie, sei hell wach. Sie sind wichtig. Aber lasse dich nicht in sie verwickeln.

Wenn du zum Beobachter wirst, wirst du verstehen, was es heißt, die Welt gehen zu lassen. Denn der Beobachter besitzt eine wesentliche Eigenschaft: Er verschwindet augenblicklich, wenn ein Motiv auftaucht. In dem Augenblick, in dem du dich in ein Motiv verwickeln lässt, bist du nicht mehr in der Lage, zu beobachten. Du meditierst, du beobachtest deine Gedanken. Sie ziehen an dir vorüber wie Wolken am Himmel. Plötzlich denkst du an einen Streit mit deinem Lebenspartner. Die Situation geht dir nah, sie macht dich traurig oder einsam, und du möchtest sie gerne aus dem Weg räumen – und in dem Moment hast du den Beobachter verlassen. Du stellst dir das Gespräch mit deinem Partner vor, wie du am besten argumentierst, wie er reagieren könnte. Es kommen Erinnerungen an eure bisherige Zeit. Von dem Augenblick an, wo dies alles geschieht, kannst du nicht mehr beobachten. Wo ein Motiv ist, wenn du etwas erreichen willst, verlässt du den Beobachter. Er ist sofort verschwunden. Deswegen wirst du alleine dadurch, dass du dich um die Beobachterposition bemühst, deine Motive zutiefst durchschauen. Du wirst erkennen, wie sehr du durchdrungen bist von Motiven. Wie feiner Wüstensand in die ganze Kleidung und bis in die Poren eindringt, so ist jede deiner Zellen durchdrungen von Motiven. Aber gerade das bietet die Chance. Denn wenn du sie konsequent beobachtest, führen dich deine Motive in die Tiefe. Perlenfischer versenken an einem Seil einen schweren Stein in das Meer – zu den Riffen, in denen sie ihre Muscheln finden. Sie hangeln sich daran wie an einem Lot hinab. Deine Motive können für dich dieses Seil sein, das dich zu dir selber führt, wenn du lernst, ihr Zeuge zu bleiben. Sie führen dich immer tiefer, bis auf deinen Grund. Und dort fallen sie von dir. Plötzlich fallen die Motive von dir, und die ganze Welt fällt von dir. In dem Moment, wo die Welt von dir fällt, wird sie transparent.

Dann wirst du erkennen, wer du selber bist. Müsstest du jetzt mit wenigen Sätzen aufschreiben, wer du bist, was würdest du dann tun? Du würdest deinen Namen aufschreiben, wo du geboren wurdest, wie deine Kindheit war, welchen Beruf du ausübst. Du würdest etwas über deine Charaktereigenschaften notieren, über deine Krankheiten, deine Hobbys und über deinen Lebensweg. Letztlich würdest du eine Art Biografie schreiben. Dies ist aber die Identität, die dir die Gesellschaft gibt. Sie hat mit dir, damit, wer du wirklich bist, fast nichts zu tun. In Wahrheit ist die Frage, wer du bist, mit Worten gar nicht beantwortbar. Aber das ist nicht das Entscheidende. Entscheidend ist, dass du es nicht *weißt*. Auf die Frage, wie ein Apfel schmeckt, kannst du mit Worten ebenfalls nicht antworten. Du könntest sagen: er ist süß, er ist zugleich sauer, er ist fest, er ist körnig – aber das alles beschreibt nicht wirklich den Geschmack eines Apfels. Mit Worten lässt er sich nicht beschreiben. Aber du kennst den Geschmack. Während wir hier darüber reden, weißt du wie ein Apfel schmeckt. Du hast den Geschmack in dir. Aber wer *du* bist, wie *du* schmeckst, weißt du nicht. Du kennst dich nicht. Du hast keinen Kontakt zu dir selbst. In dem Moment, wo deine Motive von dir fallen, wirst du wieder wissen, wer du bist. Du wirst deinen eigenen Geschmack kennen. Auch dann wirst du das nicht mit Worten benennen können, aber du wirst es wissen. Dann wirst dich auch wieder daran erinnern, dass du in deiner Kindheit – etwa bis zum fünften oder siebenten Lebensjahr – diesen Geschmack kanntest. Nach dem siebenten Lebensjahr hast du ihn vergessen. Und jetzt als Erwachsener, wenn du deine Motive durchschaust, wirst du ihn wiederfinden.

Als der Mensch den aufrechten Gang erlernte, geschah eine Transformation. Als er das Feuer nutzbar machte und Werkzeuge erfand, vollzog sich eine weitere Transformation: Es bildete sich der homo sapiens heraus. Homo sapiens bedeutet übersetzt eigentlich der wissende Mensch. In Wahrheit ist der wissende Mensch noch der denkende

Mensch. Wissend wird er erst, wenn er zum Zeugen des Denkens wird. Als denkender Mensch glaubte er, die Welt erobern zu müssen. Er glaubte, gefährdet zu sei und sich gegen andere Menschen und gegen die Natur fortwährend durchsetzen zu müssen. Er erfand Technik und Wissenschaft und führte ohne Unterbrechung Kriege. Wenn du zum Beobachter wirst, geschieht eine neue, grundsätzliche Transformation. Dann betritt ein neues Wesen die Welt: der bewusste Mensch – der homo conscius.

Meditation und Psychotherapie

Wenn du jemandem sagst, dass er sich verändern muss, dann sagst du ihm, dass er nicht in Ordnung ist. Wenn du ihn therapieren willst, in seiner Psyche etwas „auflösen", „umprogrammieren" oder „verbessern" möchtest, dann sagst du ihm, dass mit ihm etwas nicht in Ordnung ist.

Du kannst niemandem helfen, den du verändern möchtest. Ob es ein Freund ist, der zu dir kommt, weil er einen Rat braucht. Ob es ein Familienmitglied ist, das sich in einer ausweglosen Situation befindet. Ob es ein Geschäftspartner oder ein Kollege ist, der nicht weiter weiß. Ob es ein Patient ist, der zu dir in die Sprechstunde kommt. Du kannst ihm nicht helfen, solange du glaubst, dass er sich verändern muss. Denn mit dieser Haltung löst du bei ihm Angst aus.

Dieses Trauma widerfährt ihm schon seit seiner Kindheit, von der ersten Minute seines Lebens an. Er war nie ‚in Ordnung'. Immer musste er sich verbessern, immer musste er sich den Ansprüchen der Erwachsenen anpassen. Er durfte nicht laut sein, er durfte nicht wild sein, er musste ordentliches Benehmen erlernen, er war ein nur gutes Kind, wenn er keine Schwierigkeiten machte. Was er selber wollte, wie er selber war, was seine eigenen Wahrheiten sind, interessierte keinen. Die Schwierigkeiten seines Lebens kommen daher, dass er bis heute nicht weiß, wer er eigentlich ist. Er kennt seine Bedürfnisse nicht, weil er nicht gelernt hat, sich selbst zuzuhören. Möglicherweise kommt ein solcher Patient immer wieder zu dir in die Sprechstunde, auch wenn du ihn verändern willst. Er ist mit seiner Kindheit noch nicht fertig. Er holt sich die Portion Demütigung weiter von dir ab. Denn auf diese Weise erlebt er Nähe. So erlebte er seine Eltern, die sich nicht für ihn interessierten. So erlebt er nun dich, wenn du ihm sagst, er sei nicht in Ordnung. Er wiederholt, wenn er zu dir kommt, einfach nur sein Muster.

Wir glauben zutiefst, dass wir einem anderen Menschen helfen, indem wir ihm helfen, ‚besser' zu werden. Für uns ist es nur schwer vorstellbar, dass wir ihm helfen, indem wir ihn ermutigen, sich selbst zu akzeptieren. Wir haben Techniken entwickelt, die andere psychisch verändern. Dagegen verfügen wir kaum über Techniken, die helfen, bewusster zu werden.

Anthony Robbins, einer der erfolgreichsten Motivationstrainer, der jährlich Tausende von Führungskräften und Privatpersonen trainiert, schildert seine Herangehensweise so: „Als ich noch Privattherapien durchführte, kamen viele Leute in meine Praxis, setzten sich zu mir ins Sprechzimmer und schilderten mir ihre Probleme. Die meisten begannen mit dem Satz: ‚Mein Problem ist ...', und dann brachen sie unvermittelt in Tränen aus, die kein Ende nehmen wollten. Sie schafften es nicht, ihre Beherrschung wiederzugewinnen. Ich stand für gewöhnlich auf und brüllte: ‚Entschuldigen Sie bitte!' Das versetzte ihnen einen Schock, und ich fuhr fort: ‚Können wir endlich anfangen?' Meistens erwiderten sie dann: ‚Oh, tut mir leid'. Sofort änderte sich ihr emotionaler Zustand, und sie hatten sich wieder unter Kontrolle. Es ist wirklich merkwürdig, eine solche Reaktion zu beobachten! Diese Leute, die meinten, sie könnten ihr Leben nicht in den Griff bekommen, bewiesen damit, dass sie genau wussten, wie man schlagartig Gefühle verändert."[10]

Robbins glaubt, den Menschen damit zu helfen. Doch er verstärkt auf diese Weise das einzige Muster, das sie wirklich behindert: den Gedanken, nicht in Ordnung zu sein, nicht zu genügen. Es ist immer dieselbe Botschaft: Was du fühlst ist falsch, ich akzeptiere es nicht, reiß dich zusammen. Bezeichnend für diesen Gesprächsverlauf ist, dass die Klienten sich auch noch entschuldigen für das, was sie empfinden und wie sie sich verhalten.

Die Frage ist, ob du dem anderen hilfst, zu sich selbst zu finden. Ob du ihm hilfst, sich zu akzeptieren, sich kennen zu lernen und bewusster zu werden. Oder ob du ihn immer tiefer in einen Kampf mit sich selbst verwickelst. Ob du sein Gefühl verstärkst, nicht zu genügen, etwas leisten zu müssen.

Aus diesem Blickwinkel besehen, gibt es in der westlichen Psychotherapie zwei grundlegend unterschiedliche Richtungen. Die einen sagen, der Therapeut soll während der Therapie emotional unbeteiligt sein. Er soll neutraler Teilnehmer am Gespräch mit dem Klienten sein. Der Klient öffnet sich, er zeigt wie er leidet, er zeigt, wie er sich freut, er weint, er lacht. Der Therapeut sitzt teilnahmslos dabei und gibt notfalls seine Kommentare und Erläuterungen. Dies ist die fortgesetzte Rolle der Eltern: Was du erlebst, erreicht mich nicht. Du bist aufgewühlt, du öffnest dich, aber das perlt an mir ab. Das ist sogar noch eine Zuspitzung der Elternrolle. Denn die Eltern waren einfach nicht in der Lage, sich für das Kind oder sogar für sein Gefühlsleben zu interessieren – weil sie nicht wussten, wie man sich für einen anderen Menschen interessiert. Sie hatten schon keinen Zugang zu sich selbst. In der Familie gab es eine unausgesprochene Vereinbarung: Für solche Dinge ist hier kein Platz, darüber wird nicht gesprochen. Wir müssen alle voran kommen, wir müssen Geld verdienen, und du musst einen ordentlichen Beruf erlernen. Deswegen ist für das Innenleben kein Platz. In der Therapie wird genau das aufgehoben. Plötzlich geht es um sein Innenleben, der Patient kommt deswegen in die Sprechstunde. Es wird eine Situation hergestellt, die er in der Kindheit wahrscheinlich nie hatte. Das Thema ist sein Innerstes. Jetzt setzt der Therapeut die Haltung der Eltern fort. – Ich lasse mich auch jetzt von dir nicht berühren. Ich höre dir mit meinem Intellekt zu, ich bin mit dem Kopf bei dir, aber mit dem Herzen, mit meiner Existenz, mit meiner eigenen Wahrheit bin ich nicht beteiligt. Ich bin neutral, du erreichst mich nicht. Damit wird die Manipulation, die der Klient ein Leben lang erfahren hat, auf den Höhepunkt getrieben.

Die andere Richtung sagt, der Therapeut solle dem Klienten in einer moralisch wertfreien, aber alles akzeptierenden und schätzenden Haltung begegnen. Wenn du einen anderen Menschen wertschätzt, dann hilfst du ihm, sich selber wertzuschätzen. Du hilfst ihm, sich selbst zu lieben. Er kann zulassen, was mit ihm geschieht, er kann es anschauen. Dies ist der Ausgangspunkt, um bewusster zu werden.

Nimm das Leben wahr, so wie es jetzt ist. Nimm es wirklich wahr, und du wirst heil werden. Goethe schrieb: „Es irrt der Mensch, solang er strebt“. Viele lesen diesen Satz mit der Betonung auf das Wort „irren“. So enthält er eine elementare Wahrheit: Irren gehört zum Leben. Eine tiefere Bedeutung gewinnt der Satz aber, wenn er mit der Betonung auf dem Wort „streben" gelesen wird. Wenn du nach etwas strebst, wenn du glaubst, du müsstest an dir etwas verändern oder erreichen, wenn du glaubst, irgend etwas sei an dir nicht in Ordnung, dann bist du in einem fundamentalen Irrtum gefangen.

Der Klient braucht in zweierlei Hinsicht Hilfe. Er braucht das Wissen, wie er nach innen schaut und wie er mit dem, was er dort entdeckt, umgeht. Im nächsten Schritt braucht er Hilfe, um Beobachter zu werden. Denn sich zu beobachten ist ein Akt der Liebe. Du kannst nicht beobachten, was du ablehnst.

Lieben, akzeptieren und beobachten sind passive Ereignisse. Sie *geschehen.* Sie entstehen, indem man sie zulässt. Wir aber suchen das Heil in der Aktivität. Wir wollen etwas ändern. Wir wollen das, was wir für einen Missstand halten, abschaffen. Wir erkennen nicht, dass wir mit dieser Haltung gegen uns selbst kämpfen. Wir erkennen nicht, dass die Dinge einen völlig anderen Verlauf nehmen, wenn wir sie ‚nur' wahrnehmen. Die tiefste Veränderung, die tiefste Heilung, ist die, die in deine Mitte führt, die dich zu dir selbst bringt, die dich bewusst macht. Immer, wenn du etwas erreichen willst, wenn du etwas verbessern willst, tust du genau das Gegenteil.

Ein 47-jähriger Klient, der in einem Technologieunternehmen ein Team von 12 Ingenieuren leitet, bat mich um Hilfe. Er ist in seinem Beruf als Fachkraft anerkannt. Er besitzt Führungsqualitäten, und seine Tätigkeit bereitet ihm Spaß. Aber in regelmäßigen Abständen gab es scharfe Konflikte zwischen ihm und seinem Team. Er bekam Gegenwind, seine Mitarbeiter akzeptierten seine Entscheidungen nicht. Unter ihnen gab es sogar Absprachen gegen ihn. Die Atmosphäre wurde „hässlich", wie er sagte, und fachliche Auseinandersetzungen arteten bis zu persönlichen Feindschaften aus. Im Verlauf unserer Zusammenarbeit erkannte er drei Muster, die sein Verhalten bestimmten. So reagierte er unnachgiebig, autoritär, teilweise sogar diktatorisch, wenn seine Mitarbeiter Entscheidungen trafen, ohne diese mit ihm abzustimmen. Dann war er überfordert. Er leitete ein viel zu großes Team und konnte nicht alle Entscheidungen selber fällen. Andererseits fiel es ihm schwer,

Kompetenzen an seine Mitarbeiter zu delegieren. In unseren Sitzungen erkannte er, dass er sich in solchen Situationen ohnmächtig fühlte und diese Ohnmacht nicht ertrug. Er ertrug es nicht, nicht alles im Griff zu haben. Statt mit seiner Ohnmacht kreativ umzugehen, versuchte er, seine Mitarbeiter in Schach zu halten, die sich daraufhin von ihm nicht respektiert fühlten. Als er dieses Muster sah, erinnerte er sich plötzlich an unterschiedlichste Situationen seit seiner frühen Jugend, in denen er auf Ohnmacht ähnlich reagiert hatte. Er sah, dass er das gleiche Thema ebenfalls mit seinen gerade erwachsen werdenden Töchtern erfuhr. Sie machten sich frei von ihm und der Mutter. Sie ignorierten die gutgemeinten Ratschläge der Eltern und gingen andere intensive Beziehungen ein. Durch seine Töchte erlebte er die gleiche Ohnmacht wie in seinem Team. Auch bei ihnen reagierte er unnachgiebig, teilweise verbittert. Dies ist etwas Bemerkenswertes: Wenn du den emotionalen Hintergrund deines Lebens erkennst, begreifst du, wie deine Verhaltensmuster in den verschiedenen Bereichen deines Daseins miteinander verknüpft sind. Mein Klient fragte mich: Was soll ich jetzt tun? Was soll ich mit diesem Wissen beginnen? Wie ändere ich das? Er wollte seine Erkenntnis sofort in eine Handlung umsetzen. Ich gab ihm den Rat, erst einmal gar nichts zu ändern. Ich schlug ihm vor, bei den nächsten sich bietenden Gelegenheiten in seinem Team zu beobachten, was mit ihm selbst geschieht. Er sollte sich dabei nicht mehr auf den Streit konzentrieren, sondern auf seine Ohnmacht und auf den Impuls, die anderen zu disziplinieren. „Nimm das nur wahr, tu zunächst nichts, und schau, was dann geschieht. Wenn du jetzt versuchst, es gleich zu ändern, ersetzt du lediglich ein Muster durch ein anderes.“

Später erzählte er mir, er habe eine „Offenbarung“ erlebt. „Als es wieder einmal um Kompetenzen ging und der Streit anfing, konnte ich ruhig bleiben“, sagte er. „Ich beobachtete, wie die Ohnmacht kam, ich spürte sie ganz bewusst. Es ist nicht leicht, das zu beobachten, aber es führte dazu, dass ich nicht kämpfen musste. Ich betrachtete mein Team und die ganze Situation. Plötzlich glaubte ich, die Motive einiger meiner Mitarbeiter zu verstehen. Ich spürte, warum sie so handelten, wie sie handelten. Mir kamen Ideen, wie ich ihre Motive für unsere Arbeit nutzen könnte. Aber das Verrückteste war, dass ich plötzlich zu einigen von ihnen sogar Nähe empfand. Es war eine Sympathie da, die ich bisher überhaupt nicht kannte. Meine Mitarbeiter haben das, glaube ich, nicht bemerkt. Aber ich sah sie nun mit anderen Augen. Es ist für mich, als ob das Gegeneinander aufhört und etwas Neues entsteht."

Wo deine tiefsten Ängste sind, wirst du, wenn du wahrnimmst, die tiefsten Erfahrungen machen. Deswegen versuche nicht gleich, alles zu ändern. Sondern nimm wahr, was wirklich geschieht. Schaue zu. Werde Zeuge, werde Beobachter. Du wirst sehr berührt sein vom Leben. Ganz von allein werden dann Veränderungen kommen. Aber es werden keine Veränderungen sein, die etwas abwehren sollen. Es werden keine Veränderungen sein, mit denen du gegen deine Ängste ankämpfst. Es werden authentische Reaktionen sein, die aus deiner Wahrheit entstehen.

Oft werde ich gefragt, wie soll ich mich verhalten, soll ich das so oder so machen. Soll ich mich scheiden lassen, soll ich meine Firma wechseln, soll ich mich selbständig machen. Darauf sage ich, dass ich das nicht beantworten kann. Ich kann niemandem sagen, was er tun soll. Aber ich kann dir helfen zu verstehen, aus welchen Motiven heraus du handelst. Ich kann dir helfen zu verstehen, was deine eigene Kraft ist. Ich kann dir helfen zu verstehen, was du bisher meiden wolltest, was dich bisher einschränkte. Ich kann dir helfen, dich selbst kennenzulernen und zu durchschauen, was bisher in deinem Leben geschah, und warum es so geschah. Dann wirst du deine eigene Entscheidung treffen. Es wird eine wirklich authentische Entscheidung sein, mit der du ausgesöhnt bist. Ich kann dir nicht sagen, was du tun sollst. Ich weiß auch nicht, welche Entscheidung du letztendlich treffen wirst. Aber ich kann dir helfen, deine eigene Entscheidung zu finden.

Solange du glaubst, dass an dir irgend etwas nicht in Ordnung ist, wirst du deine eigene Entscheidung nicht treffen können. Denn so lange bist du abgeschnitten von dir selbst. Du bist abhängig davon, was andere von dir erwarten, oder davon, was du glaubst, dass sie es von dir erwarten.

Eine 35-jährige Klientin sagte mir, sie habe sich in der Kindheit mit ihrer Wut deswegen nicht gegen ihre Eltern durchsetzen können, weil sie nicht in der Lage war, diese Wut ihnen gegenüber zu begründen. Ihre Eltern seien ihr natürlich geistig überlegen gewesen. Deswegen hätte sie sich mit ihrer Wut gegen sie nicht behaupten können. Heute habe sie verschiedene Techniken erlernt, um ihre Wut zu beherrschen. Erst respektieren ihre Eltern nicht ihre Wut und dann versucht sie sich zu verbessern – sie bemüht sich, ihre Wut zu beherrschen. Für das Mädchen und auch für die erwachsene Frau wäre es gerade entscheidend zu erkennen, dass sie ihre Wut überhaupt nicht zu begründen braucht. Dass sie grundsätzlich mit der Wut und allen anderen Gefühlen sein darf! Wir müssen niemandem begründen, was wir fühlen! Ebenso, wie wir unsere Existenz nicht begründen müssen. Wir müssen sie nicht begründen, nicht verdienen und nicht rechtfertigen. Wir sind wertvoll und liebenswert, einfach weil wir da sind. Aber solange du gegen dich kämpfst, kannst du diese elementare Tatsache nicht erkennen.

Eine 50-jährige Klientin, die ein halbes Jahr zuvor ihren Mann verloren hatte – er war an einer langwierigen Krankheit gestorben – hatte sich wieder verliebt, in einen wesentlich jüngeren Mann. Nach ihrer langen Beziehung mit dem Ehemann, die sie selbst als „langweilig und fantasielos" bezeichnete, blühte sie wieder richtig auf. Dabei entdeckte sie auch ihre Sexualität aufs Neue. „Das ist alles sehr schön für mich", sagte sie, „aber ich schäme mich so häufig". Wenn sie sich ihrem Freund öffnet, wenn sie mit ihm schläft und sich ihm zeigt – dann sei diese „unangenehme Aufregung" da. Sie bat mich um einen Rat, wie sie ihre Scham wieder „loswerden" könne. Ich schlug ihr vor, gar nichts gegen die Scham zu unternehmen. Ich sagte ihr, dass die Scham von ganz allein verschwinden würde. Aber so lange sie da ist, besteht die Möglichkeit, sie zu genießen. „Deine Liebe zu ihm, eure Nähe, eure Sexualität – alles bekommt durch die Scham eine besondere Intensität. Die Scham zeigt dir, dass deine Mauern fallen, dass du dich wieder einlässt, dass du einen anderen zu dir lässt. Du hast die Wahl, das zu genießen. Du musst nicht gegen deine Empfindungen kämpfen."

Fortwährend versuchen wir, uns zu verändern. Immerzu glauben wir, etwas sei nicht in Ordnung. Wir glauben, dass wir etwas erreichen müssen, bevor das Leben wirklich beginnt. Aber das Leben hat längst begonnen. Es gibt nichts zu verändern. Du hast die Wahl, dich einzulassen oder nicht. Es geht nicht um Veränderung. Es geht darum, zu durchschauen was ist. Du kannst deine Wahrheit nicht erkennen, du kannst das Dasein nicht annehmen, es nicht erfahren, solange du dich verändern möchtest.

Wenn du jemandem helfen willst, hilf ihm, sich selbst zu akzeptieren. Zumeist musst du dann gar nichts besonders tun. Es genügt, wenn *du* ihn wirklich akzeptierst. Das kann im Stillen geschehen. Geht miteinander um, unternehmt gemeinsame Dinge – und in dieser Zeit sei in dieser Energie. Du musst es ihm nicht zeigen, dass du ihn akzeptierst. Er muss nicht wissen, was du da tust. Es genügt, wenn du bewusst in dieser Energie bist – und es wird für ihn sehr heilsam sein. Paracelsus sagte: *„Die beste Arznei für den Menschen ist der Mensch. Der höchste Grad von Arznei ist die Liebe."*

Wenn du diese Haltung einnimmst, wenn du über Liebe heilst, wirst du aufhören, den anderen zu verändern. Denn Lieben heißt, den anderen zu akzeptieren, wie er ist. Lieben heißt zu erkennen, dass alles an dem anderen richtig ist. Dass er mit allen seinen Erfahrungen, auch mit denen, an denen er leidet und mit denen, die er selber an sich ablehnt, wahrhaftig ist. Sein ganzes Dasein ist Ausdruck einer tiefen Wahrheit. Deine Therapiemethode wird darin bestehen, ihm zu helfen, dies zu erkennen. Dies wird ihn von innen her heilen.

Jede Therapie, die dem Klienten hilft, sich zu akzeptieren, führt, konsequent durchgeführt, zu Bewusstheit, zu Meditation. Dann geht sie über den Verstand hinaus. Dann hört die Psychotherapie auf. Meditation und Akzeptieren sind Synonyme. Deshalb führt Akzeptieren immer zu einer meditativen Lebenshaltung. Jemand, der meditiert, der versteht, was der Beobachter ist, der den Beobachter gefunden hat, der zum Beobachter geworden ist, geht über die Therapie hinaus. Psychotherapie kann ihm nichts mehr geben. Denn sie bewegt sich innerhalb des Verstandes. Sie ersetzt letztlich ein Verhaltensmuster durch ein anderes. Sobald du der Beobachter deines Verstandes bist, gehst du über den Verstand hinaus. Damit hören die Probleme, die die Psychotherapie klären möchte, auf. Jemand, der zum Beobachter geworden ist, erkennt, dass er leidet, wenn er sich mit den Mustern seines Lebens identifiziert, und dass das Leid aufhört, wenn er diese Identifizierung aufgibt.

Die einzig heilende Botschaft ist: Du bist immer o.k. Die dazugehörige Technik wird dir helfen, das zu erkennen. Sie gibt dir Mittel in die Hand, dich mit dir selbst und mit der ganzen Existenz auszusöhnen. Eine solche Methode habe ich entwickelt. Sie beinhaltet sieben Techniken und drei Entfaltungsschritte. Sie half in Einzelsitzungen und in Seminaren hunderten Menschen, zu sich selbst zu finden und zu erfahren, was körperliche und geistige Freiheit bedeuten.

Es ist eine Methode, die hilft, ohne zu verändern. Die ohne die Botschaft auftritt, dich verbessern zu müssen. Sie sagt dir das Gegenteil. Sie hilft dir zu erkennen, dass du mit dir eins sein kannst. Sie hilft dir, deine Lebensthemen zu erkennen und aus deiner Mitte heraus zu existieren.

Ich sage nicht, dass es dann keine Veränderungen in deinem Leben geben wird. Ich sage: Wenn du glaubst, dass du besser werden musst, dann blockierst du dich selber. Wenn du aber mit dir ausgesöhnt bist, wenn du aufhörst zu kämpfen, wenn du zur Ruhe kommst, dann werden ganz von allein kraftvolle Veränderungen kommen. Bewusstheit bringt tiefe Veränderungen. Denn das Leben ist Veränderung - wie ein Strom, der ständig fließt. Wenn du dich selbst nicht mehr manipulierst, wirst du dich ihm hingeben und dich von ihm tragen lassen. Sich tragen zu lassen, ist eine tiefe Erfahrung.

Stellt man sich das Leben als Fluss vor, dann klammern sich die meisten Menschen an seinen Ufern fest. Sie sitzen in ihren Booten und halten sich an Bäumen und Büschen des Ufers. Sie befürchten, die Strömung könnte sie erfassen. Sie wollen sich vom Leben nicht erfassen lassen. Sie suchen Sicherheiten. Jedoch ist die Strömung des Flusses am kraftvollsten in seiner Mitte. Am Ufer dagegen schwimmt das ganze Treibholz. Dort treiben Bäume, entwurzelte Sträucher und ertrunkene Tiere. Dort befinden sich auch die anderen, die Angstvollen, die sich ebenfalls festzuhalten versuchen. Sie alle drohen ständig umzukippen, ständig zu scheitern. Sie kämpfen gegen die immerzu wechselnden Gefahren. Gewinnen sie einen solchen Kampf, haben sie das Gefühl, glücklich zu sein. Doch dann kommt der nächste Kampf. Verlieren sie diesen, fühlen sie sich wieder unglücklich. Ihr Ego spielt ihnen einen Streich. Es hält sie dort fest, wo sie die Kraft des Stromes nie nutzen können.

Würden sie ihre Ängste gehen lassen, dann würden sie in die Mitte des Stromes kommen. Hier ist es wie im Auge des Orkans. Alles ist in Bewegung, aber du ruhst. Wenn du jetzt etwas tun möchtest, wenn du etwas auf die Beine stellen oder etwas bewirken möchtest, weil es dir Freude bereitet, dann wirst du die ganze Kraft des Stromes dafür nutzen können.

Das Gehen-Lassen scheint uns sehr schwierig. Kurz bevor du gehen lässt, hast du riesige Angst - ja tödliche Angst. Direkt danach bist du jedoch frei. Dabei geht es dir wie einem Insekt, das sich von außen an eine Autoscheibe gesetzt hat. Das Auto fährt los. Das Insekt bleibt sitzen. Das Auto wird schneller, der Fahrtwind erfasst das kleine Tier. Es bleibt sitzen, es klammert sich fest. Der Fahrtwind wird heftiger. Für das Tier muss es ein ungeheurer Stress sein. Es klammert sich mit aller Kraft fest. Es verhält sich so, als befürchte es eine Katastrophe, wenn es nachgäbe. Als befürchte es, dann vernichtet zu werden. Das Insekt müsste nur loslassen und der Fahrtwind wäre augenblicklich vorbei. Es müsste gehen lassen, und es wäre wieder eins mit der Welt.

Ausblick: Erleuchtung

Als du auf die Erde kamst, als du inkarniertest, hast du dich auf die Polarität der Welt eingelassen. Zunächst warst du vollständig in sie verstrickt. Du hattest Angst vor dem, was dir Schmerzen machte und was dich bedrohte. Du freutest dich über das, was dir half, was dich satt machte, was dir die Sorgen nahm. Dann wurdest du bewusster. Du fingst an, deine Gefühle wahrzunehmen, du begannst, dich für andere Menschen zu interessieren. Du bemerktest, dass du nicht immerzu um dein Überleben kämpfen musst, dass du Dir nicht immer Sorgen machen musst. Damit wurdest du liebesfähiger. Du kamst in Situationen, wo du sogar gegen deine eigenen Interessen handeltest, um anderen zu helfen. Deine Freiheit und deine Liebesfähigkeit nahmen immer weiter zu.

Dieser Prozess dauerte viele Leben.

Dann wurdest du meditativ. Du lerntest nach innen zu gehen. Du erfuhrst, dass du die ganze Welt in dir trägst. Du warst berührt von deinem inneren Reichtum. Du fingst an, zu durchschauen, worauf du dich eigentlich eingelassen hattest mit der Entscheidung, zu inkarnieren. Während du meditiertest, lerntest du Beobachter zu werden. Du wurdest der Beobachter deines Daseins. Deine Bewusstheit drang tiefer und tiefer, sie erfasste dich schließlich bis in deinen letzten Winkel.

In all dieser Zeit befandest du dich in der Polarität. Auch in den Momenten tiefster Meditation, in den Momenten, wo du vollständig Zeuge warst, befandest du dich noch in der Polarität. Denn es existierten noch der Beobachter und das Beobachtete.

Erleuchtung tritt ein, wenn auch diese Polarität wieder fällt. Sie verschwindet. *Es* wird eins. Nicht du wirst eins mit allem. Denn Du und Alles sind noch Polaritäten. Du verschwindest. Alles verschwindet. *Es* wird eins.

Der Beobachter und das Beobachtete werden eins. Es gibt weder dich noch die Umwelt. Es gibt weder das Beobachtete noch den Beobachter. *Es* wird eins.

Du kannst Erleuchtung nicht erreichen. Denn wenn du etwas erreichen willst, dann handelt in Wahrheit dein Ego. Erleuchtung kannst du nur kommen lassen und sie annehmen, wenn es geschieht. Du kannst bewusster werden. Du kannst lernen gehen zu lassen, die Welt zu akzeptieren und präsent zu sein. Du kannst das alles tun. Du kannst sogar gezielt passiv und still werden. Dafür gibt es Techniken. Du kannst dir heute vornehmen, meditativ zu werden. Du kannst dich an Wissende wenden, die dir dabei helfen. Je nachdem, wie du veranlagt bist und wie ernsthaft du dabei vorgehst, wirst du es schneller oder langsamer erlernen. Du wirst dabei eine Erfahrung machen, die nur wenige Menschen haben, dass du Stille zulassen kannst und dass dir dabei das Leben begegnet. Du kannst Meditation nicht durch Aktivität erreichen, aber du kannst sie zulassen. Auch dieses Zulassen ist noch ein Tun, ein subtiles Tun, ein Nicht-Tun.

Aber Erleuchtung kannst du auf diese Weise nicht erreichen. Du kannst nichts tun, um zur Erleuchtung zu gelangen. Tun setzt die Polarität voraus. Sie benötigt denjenigen, der tut, und das, womit getan wird. Erleuchtung ist das Hinausgehen über die Polarität. Sogar das Meditieren hört dann auf. Erleuchtung ist jenseits der Meditation. Mit Meditation wirst du bewusst. Du durchschaust die Welt, du durchschaust deine Erfahrungen, du bist der Beobachter. Dann gehst du auch darüber hinaus. Das geschieht, das kannst du nicht mehr beeinflussen. Das Verschwinden von allem ist der vollständige Tod und die vollständige Existenz zugleich.

Erleuchtung tritt am Ende deines Inkarnationszyklus' ein. Zuvor gehst du durch alle deine Erfahrungen hindurch. Du musst durch die Welt gegangen sein, bevor Erleuchtung kommt. Du musst das Gegenteil von Erleuchtung erfahren haben: die Angst, den Kampf. Als du inkarniertest, war das Ziel *nicht* die Erleuchtung. Das Ziel war das Gegenteil davon. Als du inkarniertest, wolltest du das Gegenteil von Erleuchtung erfahren. Und am Schluss wirst du alles durchschauen, was geschah. Du wirst einen riesigen Schatz an Erfahrungen bei dir haben. Dann lässt du los. Bewusst geworden bist du bereits auf deinem Inkarnationsweg. In deinen letzten Leben begannst du zu meditieren. Dabei kam die Wahrheit zu dir. Danach lässt du los. Du lässt die Welt gehen. Du lässt die Polarität los. Alles wird eins. Du wirst erleuchtet. Nicht jedem geschieht die Erleuchtung bereits im verkörperten Zustand. Du kannst sie im Sterben erleben, wenn du dein letztes Leben verlässt. Sie kann aber auch danach eintreten.

Die Botschaft von der Erleuchtung ist für die westliche Kultur enorm wichtig. Sie ist nicht deswegen wichtig, weil wir damit ein neues anstrebenswertes Ziel bekommen - denn man kann sie nicht anstreben. Die Botschaft von der Erleuchtung ist deswegen so wichtig, weil in ihr die Erkenntnis enthalten ist, dass du über den Verstand hinaus gehen kannst. In unserer gesamten westlichen Kultur ist dieser Gedanke nicht verankert. Nicht in der Kunst, nicht in der Wissenschaft, nicht in der Medizin, auch nicht in der Psychologie. Sogar unsere Religion machte den Gedanken von der Erleuchtung fast völlig unkenntlich. Wir glauben zutiefst, dass wir unsere Probleme nur über den Verstand lösen können. Wir glauben, dass wir mit noch mehr Logik, mit noch mehr Analyse, mit noch mehr Rechnerkapazität, mit noch mehr Wissenschaft, mit noch mehr Technik unsere Probleme lösen. Eigentlich ahnen wir schon, eigentlich sagt uns unsere Intuition bereits, dass wir auf diesem Weg unsere Aufgaben nicht bewältigen werden. Aber wir verharren in dieser Vorstellung. Denn unserer Kultur fehlt die Botschaft, dass man über den Verstand hinaus gehen kann. Wenn du erkennst, dass der Verstand nur fähig ist, die Polarität zu spiegeln, dass er mit jeder Lösung zugleich ein neues Problem schafft, dann wirst du erkennen, dass du über die Probleme nur hinausgehen kannst, indem du über den Verstand hinaus gehst. Das Leben ist kein Problem, es muss nicht bewältigt werden. Vor fast genau 2000 Jahren versuchte Jesus in der Bergpredigt uns diese Botschaft zu überbringen.

Versuche nicht, erleuchtet zu werden. Du kannst dies nicht erreichen, du kannst es nicht mit dem Willen erzwingen. Denn der Wille ist ein Produkt dieser Welt. Die Erleuchtung wird kommen. Versuche nicht, sie herbeizuführen oder sie gar zu erzwingen. Bemühe dich nicht um Erleuchtung, aber bemühe dich darum, bewußter zu werden. Bewusst-sein heißt nicht, dass du etwas verändern oder verbessern musst. Bewusst-sein heißt, dass du erkennst, was ist. Dazu gehört, dass du zulässt, was ist, und nichts mehr manipulierst. Lasse dich ganz auf das Leben ein. Gib dich ihm hin, und werde dabei bewusster. Damit machst du dich bereit. Indem du bewusst wirst, reißt du die Mauern ein, entfernst du die Riegel und Schlösser, machst du dich auf, damit Gott zu dir eintreten kann. Dein wirklicher Schatz, dein wirklicher Reichtum, ist dein Leben. Vergeude es nicht, indem du irgend etwas nachjagst. Deine *Erfahrungen* sind das, worüber Gott mit dir spricht.

Das Gleichnis von den Eiswürfeln

Zwei Eiswürfel unterhalten sich. Der eine sagt zum anderen: „Es muss einen tollen geistigen Zustand geben. Ich habe in alten Büchern davon gelesen. Er muss ungeheuer schön sein. Sie nennen den Zustand Wasser."
„Was ist denn das für ein Zustand", fragt der andere Eiswürfel höchst interessiert.
„Ich weiß es natürlich nicht", sagt der erste Eiswürfel. „Es heißt, du bist frei, wenn du diesen Zustand erreichst. Du kannst dich ganz leicht bewegen, du bist nicht mehr eingesperrt in eine feste Grenze, du bist voller Energie. Die Alten wussten noch, wie man diesen Zustand erreicht. Es muss aber sehr schwierig sein. Für einen gewöhnlichen Eiswürfel ist es fast unmöglich."

Im Land der Eiswürfel ist Kälte der größte Reichtum. Das Wasser inkarniert in Eiswürfel, um Erfahrungen zu machen. Es kann als gefrorenes Wasser Dinge erleben, die ihm im flüssigen Zustand nicht möglich sind. Es kann anecken, es kann zerspringen, es kann mit anderen Würfeln kommunizieren, es kann mit anderen Würfeln verschmelzen. Aber um existieren zu können, brauchen die Würfel Kälte, am besten klirrenden Frost. Von der ersten Minute ihres Lebens an bemühen sie sich, genug Kälte zu bekommen. Sie schufen eine ganze Industrie, die Kälte produziert - ihr wichtigstes Lebensmittel. Einige Eiswürfel haben einen Trick gefunden, wie sie andere Eiswürfel für sich auf Vorrat Kälte produzieren lassen. Sie horten diese Kälte in großen Tiefkühltresoren und fühlen sich nun sicher, dass ihnen nichts passieren kann. Sie haben die Welt kalt genug gemacht.

Ihre größte Angst ist es, die Kälte wieder zu verlieren. Sie glauben, dass sie dann nicht weiter existieren könnten, dass sie dann verschwänden. Denn die Eiswürfel haben vergessen, dass sie eigentlich aus Wasser bestehen. Bei ihrer Geburt haben sie es vergessen und sie glauben seitdem, sie könnten nur in Würfelform und nur mit Kälte existieren. Sie können sich nicht vorstellen, dass sie auch in anderer Form weiter existieren. Sie können sich nicht vorstellen, dass es möglich ist, sich zu Wasser zu transformieren und dass Wärme sie nicht wirklich bedroht.

Deswegen glaubt der eine Eiswürfel auch, der Zustand Wasser sei etwas kaum Erreichbares. Er weiß nicht, dass er ganz und gar aus Wasser besteht. Er weiß nicht, dass dies sein natürlichster Zustand ist. Er muss nur seine Bemühungen durchschauen. Er muss nur den ständigen Kampf um Kälte beenden, dann erkennt er es ganz schnell. Dann taut er von ganz allein. Er muss nur still werden. Es wird außen, an seiner Außenwand beginnen. Es wird von außen nach innen vordringen. Erst wird er an der Oberfläche flüssig und durchlässig. Die Veränderung geht von der Peripherie aus. Sie dringt immer tiefer, bis sie zu seiner Mitte gelangt. Bis sie sein innerstes Wesen erfasst. Bis sie seine Existenz vollständig durchdrungen hat. Dann ist er verschwunden. Er ist getaut und hat sich in Wasser transformiert.

So ist es auch mit dir. Du musst nur still werden. Du musst nur den Kampf aufgeben. Du musst meditativ werden. Die Schwierigkeit für die Menschen besteht darin, dass sie nicht nur die äußere Bemühung aufgeben müssen, sondern auch den inneren Kampf, den Kampf ihres Intellekts. Nur still da zu sitzen, genügt nicht. Die Stille muss auch nach innen vordringen. Du musst das ständige Arbeiten deines Gehirns, das ständige Kreisen der Gedanken gehen lassen. Dann erkennst du, dass Meditation und Erleuchtung dein natürlichster, immer dagewesener Zustand sind - so wie der Eiswürfel immer schon aus Wasser bestand. Mit einem mal wirst auch du ganz verschwinden, so wie der Eiswürfel verschwunden ist. Es wird alles verschwinden, was du glaubtest zu sein. Dann wirst du zum ersten Mal dir selbst, deinem wirklichen Wesen, deiner Essenz, deiner Existenz begegnen.

Du musst nur diesen Kampf aufgeben, der die Welt kalt macht. Gib die Bemühung auf. Deswegen sagt Buddha: Durchschaue den Irrsinn, an dem du hängst. Deswegen sagt Laotse: Werde still. Deswegen sagt Jesus: Höre auf, dich zu sorgen.

Sorge dich nicht.
Werde still.
Sei bewusst.

Anhang

Der Ödipus- Mythos

Die Eltern von Ödipus, Laios und Iokaste, sind die Herrscher von Theben. Sie erhalten von dem Orakel in Delphi die Weissagung, dass sie einen Sohn gebären werden, der den Vater töten und die Mutter ehelichen wird. Als ihr Sohn Ödipus geboren wird, lassen sie ihn deswegen im Gebirge aussetzen in der Hoffnung, dass er stirbt. Doch Ödipus wird an den nachbarlichen Königshof gebracht, wo er als Sohn eines seinerseits kinderlosen Königspaars aufwächst. Er glaubt, dass dies sein wahres Elternhaus ist. In seiner Jugend befallen Ödipus Zweifel über seine Herkunft. Er begibt sich nun ebenfalls zu dem Orakel von Delphi, um über sich Auskunft zu erhalten. Das Orakel beantwortet aber nicht seine Frage nach seiner Herkunft, sondern es wiederholt die gleiche Weissagung, welche schon seine wirklichen Eltern erhalten hatten: dass er seinen Vater töten und seine Mutter ehelichen wird. Daraufhin kehrt Ödipus nicht zu seinen vermeintlichen Eltern zurück, bei denen er aufgewachsen war. Er flieht vor ihnen, damit sich der Fluch nicht erfüllt. Auf seiner Flucht begegnet er an der Weggabelung zwischen Delphi, Daulus und Theben seinem wirklichen Vater Laios, den er nicht erkennt. Es kommt zum Streit mit den Wachen des Laios. Ein Kampf bricht aus, und Ödipus erschlägt alle einschließlich Laios, seinen Vater. Daraufhin gelangt er nach Theben, der Stadt des Laios, deren Thron nun verwaist ist. Theben wird zu dieser Zeit von der Sphinx bedroht, die von den Thebanern ein tägliches Blutopfer verlangt. Die Sphinx kann nur besiegt werden, indem jemand ihr Rätsel löst, das sie täglich stellt. Ödipus löst ihr Rätsel und die Sphinx stürzt sich selbst in einen Abgrund. Als Lohn wird ihm der Thron von Theben angeboten. Auf diese Weise wird Ödipus unwissentlich auch zum Ehemann seiner Mutter, der Königin Iokaste, mit der er vier Kinder zeugt. Nach vielen Jahren einer erfüllten Herrschaft wird Theben von einer furchtbaren Dürre und Pest heimgesucht. Nun verkündet das Orakel, dass diese Pest nur dann verschwinden wird, wenn der wahre Mörder des alten Königs Laios gefunden und bestraft ist. Im Zuge der Aufklärung dieser Tat stellt sich die wirkliche Identität des Ödipus heraus. Er erkennt, wer er ist und was mit ihm geschah. In diesem Moment, im Höhepunkt seines Lebens, blendet er sich aus Verzweiflung. Das Volk, das Ödipus bisher abgöttisch liebte, ist nun entsetzt von diesem König, der einen solchen Tabubruch – den Vatermord und den Iszest - beging, und verstößt ihn.

Darauf zieht Ödipus als blinder Bettler durch das Land, begleitet von seinen Töchtern. Unmittelbar vor seinem Tod versucht sein Sohn Polyneikes Ödipus gewaltsam zurück nach Theben zu bringen, um dort die Macht zu erlangen. Zwischen Polyneikes und seinem Bruder war ein Kampf um die Herrschaft in Theben ausgebrochen. Deswegen setzt Polyneikes Ödipus unter Druck, mit ihm zu kommen und ihm so das Königtum in der Vaterstadt zu ermöglichen. Im Zorn über diese Nötigung verflucht Ödipus seine beiden Söhne dazu, sich im Kampf um die Macht gegenseitig zu töten. Nach Ödipus Tod erfüllt sich auch dieser Fluch.

***

Anmerkungen

[1] Alle diese Zitate sind aus nur einem einzigen Kapitel über Gefühle: Anthony Robbins, „Das Robbins Power Prinzip", München 1991, S. 266-292.

[2] Sigmund Freud, „Neue Folge der Vorlesung zur Einführung in die Psychoanalyse", in: Essays Bd. III, Berlin 1988, S. 300-410, (338).

[3] Ebenda

[4] Lutherbibel, Matthäus 10.34.

[5] Ebenda

[6] Dieses schöne Gleichnis, das ich hier etwas verkürzt wiedergebe, habe ich gefunden in: Neale Donald Walsch, „Gespräche mit Gott", Band 3, München 1999, S. 436.

[7] Khalil Gibran, „Der Prophet", Zürich und Düsseldorf 1999, S. 25.

[8] Diesen interessanten Gedanken über das Lebensthema von Lady Di fand ich in: Varda Hasselmann, Frank Schmolke, „Die Seelenfamilie", München 2001, S. 57.

[9] Richard P. Feynman, „Was soll das alles?", München 1999, S. 38.

[10] Anthony Robbins, „Das Robbins Power Prinzip", München 1991, S. 139.

Buchempfehlungen

Hasselmann, Varda
Schmolke, Frank — Welten der Seele, München 1993

Krishnamurti, Jiddu — Mensch sein, Berlin 2001

Maharaj, Sri Nisargadatta — Ich bin, Bielefeld 1989

Meister Eckhart — Alles lassen – eins werden, München 1992

Morgan, Marlo — Traumfänger, München 1995

Nidiaye, Safi — Neues Wissen, neues Denken, München 1995

Liebe ist mehr als ein Gefühl, München 1996

Osho — Das Buch vom Ego, Zürich 1998

Jenseits der Grenzen des Verstandes, Zürich 1997

Das Potential der Leere, Zürich 2001

Talbot, Michael — Das Holographische Universum, München 1994

Walsch, Neale Donald — Gespräche mit Gott, Bd. 1-3, München 1997-99

Kontaktadresse und Seminare

Zu den Inhalten dieses Buches führe ich regelmäßig fünftägige Seminare durch:

Seminar: **„Wahrnehmen – Bewusstwerden – Glücklichsein“**

Informationen dazu sowie zu meinen weiteren Seminaren, Ausbildungen, Vorträgen und Einzelsitzungen erhalten Sie unter:

Internet: www.lassner-seminare.de
E-Mail: Info@lassner-seminare.de